刘彤 · 编著

中国梦
家乡情
Zhongguomeng Jiaxiangqing

我爱

香港

山东画报出版社

图书在版编目（CIP）数据

我爱香港/刘彤编著．—济南：山东画报出版社，
2014.2

（中国梦家乡情丛书）

ISBN 978–7–5474–1220–6

Ⅰ.①我…　Ⅱ.①刘…　Ⅲ.①香港—概况—青年读物
②香港—概况—少年读物　Ⅳ.①K926.58–49

中国版本图书馆 CIP 数据核字（2014）第 029184 号

责任编辑　许　诺
装帧设计　林静文化
主管部门　山东出版集团有限公司
出版发行

社　　址　济南市经九路胜利大街 39 号　邮编 250001
电　　话　总编室（0531）82098470　（010）61536005
　　　　　市场部（0531）82098479　82098476（传真）
网　　址　http://www.hbcbs.com.cn
电子信箱　hbcb@ sdpress.com.cn
印　　刷　北京山华苑印刷有限责任公司
规　　格　165 毫米×225 毫米
　　　　　12 印张　40 幅图　112 千字
版　　次　2014 年 3 月第 1 版
印　　次　2014 年 3 月第 1 次印刷
定　　价　23.50 元

序 言

月是故乡明

　　"中国梦　家乡情"丛书出版了，可喜可贺！

　　对家乡故土的眷恋可以说是人类共同而永恒的情感，对家乡和祖国充满热爱与牵挂，更是具有深厚文化底蕴和历史积淀的中华民族传统美德。

　　"乡愁是一枚小小的邮票，我在这头，母亲在那头。"台湾著名诗人余光中的《乡愁》诗曾在海峡两岸同胞心中激起强烈的共鸣。诗人把对亲人、家乡、祖国的思念之情融为一体，表达出远离故乡的游子渴望叶落归根的浓郁而又强烈的家国情怀。纵览历史长河，历代志士仁人留下了多少对家乡魂牵梦萦的不朽诗篇，激励着一代代中华儿女的爱国思乡情怀。李白的"举头望明月，低头思故乡"，杜甫的"露从今夜白，月是故乡明"，无一不是抒发浓浓的思念故土之情。

民族传统文化是一条奔流不息的长河，从古至今绵延不绝。家乡是一棵枝繁叶茂的大树，守护着我们的生命，铭记着我们的归属。而薪火相传的家乡文化则是一方沃土，拥有着最厚重、最持久、最旺盛的生命力，滋养着一代又一代的青少年茁壮成长。中国有着九百六十万平方公里的土地和辽阔的领海，山河壮丽，幅员辽阔，物华天宝，人杰地灵。不同的地域有着不同的源远流长的家乡文化，辉煌灿烂，博大精深，特色鲜明，各有千秋。

　　一方水土孕育一方文化，一方文化影响一方经济造就一方社会。在中华大地上，不同地域有着不同的自然地理环境、民俗风情习惯、政治经济情况，形成了各具特色的地域文化。中国是世界上最古老的文明国家之一，有着几千年光辉灿烂的文明历史，行政区划的历史也十分悠久。从公元前688年的春秋时期开始置县，中国的行政区划至今已有2500多年的历史。作为最高一级的行政区划单位，省级行政区域的设立和划分起源于元朝。后来不同朝代和历史时期多有调整，到目前为止，我国共有23个省，5个自治区（自治区是中国少数民族聚居地方实行民族区域自治而建立的相当于省的行政区域），4个直辖市（直辖市是人口比较集中，在政治、经济、文化等方面具有特别重要地位的省级大城市），2个特别行政区（特别行政区与省、自治区、直辖市同属直辖于中央人民政府的地方行政区域）。此外，台湾作为一个省份，也是中国领土不可分割的组成部分。这套丛书即是以省级行政区划为单元分册编写的。

这套丛书以青少年为阅读对象，力求内容准确可靠，详略得当，行文通俗，简洁流畅，注重知识性、趣味性、可读性，让青少年较为系统地了解家乡的自然环境、山川河流、资源物产、悠久历史、杰出人物、文化遗产、民俗风情、名胜古迹、经济建设等方面的情况，感受祖国各地的家乡之美。通过这些文化元素的熏陶，培养青少年对祖国和家乡的朴素感情，引导青少年热爱生于斯、长于斯的这片沃土，陶冶情趣，铸造性情。希望广大青少年认真阅读，汲取这套家乡文化读本中的精华，进而树立热爱家乡、热爱祖国的决心和信念，为建设家乡、建设祖国贡献力量。

（原新闻出版总署署长）

2014 年 2 月 6 日

目 录 CONTENT

第一章

东方之珠——香港

　　提到香港就不能不提维多利亚港,香港"东方之珠"、"世界三大天然良港之一"和"世界三大夜景之一"的美誉全都因维港而得来。维港一直影响着香港的历史和文化,也主导着香港的旅游,是香港成为国际大都市的关键之一。

∧ 繁荣的国际大都市香港

第一节　香港自然环境概述

一、地理位置

　　香港位处中国南部沿海，北靠广东省，西背珠江口及澳门，南向南海，介于北纬 22° 08′ 至 35′、东经 113° 49′ 至 114° 31′ 之间，所处时区比协调世界时快 8 小时（即 UTC+8）。香港北部与广东省深圳市仅由一条深圳河相隔，南部海域与珠海市万山群岛海域连接。截至 2010 年 2 月，香港境内陆地面积为 1104.39 平方公里，连同水域总面积为 2755.03 平方公里。香港一般会细分为香港岛、九龙及新界三大区域，有时候离岛会视作独立区域。

　　位处九龙半岛和香港岛之间的维多利亚港是水深港阔的天然良港，是香港的著名地标。早在 19 世纪，英国人已被位处东亚中心位置的香港所吸引。清朝中叶，英国人不惜通过战争从清朝政府手上取得香港主权，从而开通港口、发展航海贸易。时至今日，香港的地理位置仍然能让本地经济通过转口贸易以及中转旅客而得益。

二、地貌

　　香港境内山多平地少，是一座受到海水淹没的多山地体。境内山陵可与华南丘陵视为一体，地貌构造体系与内陆的广东省一样。香港约有 650

平方公里（即约 60% 陆地总面积）属天然山坡。山脉走向为东北－西南，其中以新界中部的大帽山（958 米）为第一高峰向多方面伸延；西南面大屿山岛上的凤凰山（934 米）及大东山（869 米）则为另一条主要山脉。

知识小百科

大帽山

　　大帽山是香港最高的山峰，位于香港新界中部，海拔 957 米。根据地质资料显示，大帽山曾经为一活火山，附近的观音山、鸡公岭和大刀屻也是因火山活动而形成。坚固耐风化的火成岩，在新界北部留下不少痕迹。大帽山主要由火山岩组成，山谷中亦有不少沉积岩。山坡的上半部露出山脊，亦有一些石洞由高地流到山谷。大帽山有很多外露的怪石，质地为较抗蚀的凝灰岩，可见两亿年前火山活动之猛烈，熔岩由火山口喷出的距离之远。由于大帽山经常出现大雾的情况，有部分香港人会将大帽山误以为叫做"大雾山"。

< 大帽山

大屿山海湾 >

　　香港共有 263 个岛屿，其中以大屿山面积最大，比香港岛大近一倍。大屿山位于珠江口外，地势西南高峻，东北较低，主峰凤凰山海拔 935 米，是全香港第二高峰。大屿山岛上山多平地少，只有山溪下有小块平坦土地，岛上人口最集中的地方是西南面的大澳镇。从 1970 年代开始，许多香港人在周末或者节假日，都喜欢到大屿山游玩、休息。其次是香港岛。香港岛以南的鸭脷洲则是全球人口最稠密的岛屿。另一方面亦有不少无任何常住居民的小岛。

　　自然形成的较大型平地，主要集中于最接近珠江口的新界西北部。元朗、粉岭都是由河流自然形成的冲积平原。这些天然平原土地肥沃，适合耕种。但由于地势低洼，一旦遇上暴雨，渠务未经妥善处理的地区便会形同泽国。但是其他地区的高地并不等于能够幸免于大雨的冲击。因此，政府整治山坡、处理排水等工作十分重要。境内其余仅有的平地位于九龙半岛及香港岛北部的维多利亚港沿岸，这些土地便是香港最初发展成市区的地方，至今该区仍然是香港都市命脉所在。同时，政府亦不断通过填海工程，逐渐向外扩张可供发展土地。

三、香港的气候

香港的地理位置造成海洋性副热带季风气候。在季候风的支配下，四季分明，但气候大致温和。北半球冬季的时候，亚洲北部大陆聚集的冷空气令气压上升，形成吹向海洋的干燥冬季季候风。香港位处大陆南部沿岸，风向因此偏北；而季候风吹过大陆，因此带来的雨量也偏低。至于夏季，南半球正值冬季，当地气压上升会让空气吹过太平洋。因此，香港的夏季季候风大致偏南，同时带来大量雨水。

就四季而言，春天大致为3至4月，潮湿、有雾、微雨等是常见天气现象。5月至8月为夏季，太阳高度角大而造成气温高企。如上文所述，东南面的太平洋季候风会带来充沛的雨量以及热带气旋活动。热带气旋中心移近香港，香港风力便会增强，广泛地区可能会有持续数日的大雨，并引致山泥倾泻和水淹。秋季则为9至10月，大部分时间风和日丽、秋高气爽，是适合郊游的季节。冬季则由11月至翌年2月，欧亚大陆的冷源造成气压偏高，间中有冷锋过境，吹干燥偏北风。

香港各处雨量往往与地形分布吻合，称为地形性降雨。虽然香港受到季候风的影响而出现季节性风向，但综观全年数据而言，东风仍然是盛行风向。而香港的山脉则以东北－西南排列，山地和盛行风向会以直角相交，尤其是向东的山地。因此，整体而言，地势和雨量会成正比；而东面雨量也会比西面多。这种情况称西面为香港的雨影区。

另外，香港市区人口和建筑密度极高，对城市的气候也有所影响。混凝土盖过的土地失去天然的散热功能，市区高楼密布也令街道难以散热，令香港市区出现热岛现象。以2006年10月30日为例，当日为农历九月初九重阳节，本应是秋高气爽的日子，但当日最高气温达29.4℃，而整个

10月的平均温度也有 26.4℃。天文台表示这和热岛现象有关，加上 2006 年秋季东亚季风偏弱，并可能使 2006 年 10 月成为香港有史以来最热的 10 月份。香港大学地理系有研究显示，在大厦天台进行绿化有助为城市降温，太阳直晒植物覆盖的天台与混凝土比较，温度相差达 26℃。港大学者继而批评政府对天台绿化不够积极。密集的市区建设阻挡阳光照射，也会令空气流动减少，汽车废气等污染物容易积聚，加深空气污染。除了市区的商业大厦之外，向海的住宅楼宇也可能是热岛现象的"元凶"。例如，新界的元朗站、大围站、大围车厂和南昌站上盖的物业发展项目，也被环保组织批评为建得太高、太密，减少空气流通、妨碍散热，形成"屏风效应"。

知识小百科

屏风楼

屏风楼或称屏风楼宇，是指在人口密集的城市中，数幢连在一起的摩天建筑物，形状如屏风，因而得名，屏风楼的定义没有一定的标准。密集的摩天建筑物阻挡光线及令风速减慢所产生的负面效应，亦被称为屏风效应及热岛效应，香港自上世纪五十年代以来的温度，平均每 10 年上升摄氏 0.17 度，但自 1989 年起，增至平均每 10 年上升 0.34 度，主要也是高楼大厦产生的热岛效应。

被指为屏风楼效应的香港大围名城建筑群 >

四、行政区划

历史上，香港会根据英国殖民统治的阶段而划分为几个主要大区——原割让予英国的香港岛和九龙，以及原租借予英国的新界，因此香港全境得出"港九新界"的别称。1937 年，政府将部分狮子山以南的新界地区划为"新九龙"，以供发展之用。不过随着时代发展，"新九龙"地区现已视作九龙一部分。时至今日，有时甚至将西贡视作"九龙"一部分，与殖民统治时期视作九龙的地区相差甚远。

今日香港特别行政区的边界，是香港与广东省两地于 1997 年 6 月 19 日签署的《粤港边界管理范围线谅解备忘录》所界定，并由国务院令第 221 号公布。同年 7 月 1 日起，香港根据《中英联合声明》及《香港基本法》，成为中华人民共和国首个特别行政区。

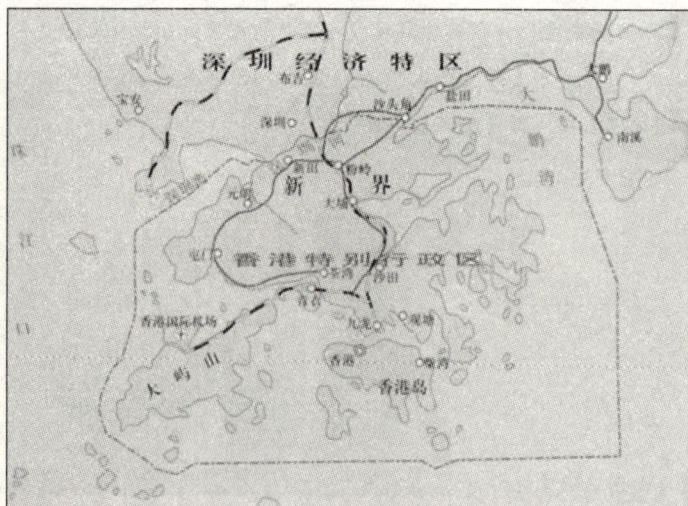

< 香港特别行政区示意图

香港于 1982 年实施"地方行政计划",全港分成 18 区,方便政府协调及管理地区层面的服务及设施,并鼓励市民参与地区事务。政策继续沿用至今,而 18 区多年来划分大致相同,现时划分为:

香港岛四区:中西区　东区　南区　湾仔区

九龙西三区:九龙城区　深水埗区　油尖旺区

九龙东两区:黄大仙区　观塘区

新界东四区:北区　西贡区　沙田区　大埔区

新界西五区:离岛区　葵青区　荃湾区　屯门区　元朗区

第二节　香港地区

一、香港岛

香港岛,简称港岛或香港,英文:Hong Kong island,面积约 78.40 平方公里,是香港的主要岛屿,也是香港第二大岛屿。香港岛是香港开埠最早发展的地区,岛上有香港的商业和政治中心。英国殖民者最初居住的地方域多利城就在香港岛北岸。香港岛与九龙半岛之间的海港以 Victoria(维多利亚女王)命名,名为维多利亚港,是以前进出香港的贸易船只停泊的港口。香港岛上最高的山峰是太平山,海拔 554 米。而广义上的香港岛地区,亦包括鸭脷洲、大小青洲、熨波洲、银洲等附属岛屿。

< 太平山

　　港岛的北面有好几条繁华大街，如皇后大道、德辅道、干诺道等。由于土地少，又多山丘，所以这些街道都是经过劈山和填海建成的；港岛的南部有著名的深水湾、浅水湾，这里是香港的主要旅游区和高级住宅区；港岛中部是香港最繁华的地方，也是香港特区政府机关所在地，到处都是豪华商业大厦和购物中心。

< 浅水湾

香港岛地形山多地少，平地方面则主要集中在香港岛北部的一列狭长的海旁土地，由坚尼地城一直伸展至小西湾，而香港岛的主要经济发展也集中于北部沿岸地区，故此香港岛北面的土地从香港开埠以来，一直依赖填海工程而增加。香港岛的北面与九龙半岛相隔着维多利亚港，现时共有三条过海行车隧道及三条过海铁路接驳港、九两岸，中间亦有港内线渡轮行走。本来位于奇力岛铜锣湾对出海域，在 1955 年兴建新的铜锣湾避风塘时与香港岛连接，当时奇力岛由波斯富街尾一直筑海堤得以接连。1969年至 1972 年，为兴建红隧入口，湾仔及铜锣湾北进行了另一次填海工程，遂发展成今天的地貌。而湾仔对出海域的香港会议展览中心新翼部分为人工岛。香港岛的东面为东龙洲，中间以蓝塘海峡相峙。香港岛的南面主要为南丫岛、鸭脷洲及蒲台群岛等岛屿，而当中的鸭脷洲与香港仔隔着香港仔海峡对望，中间以鸭脷洲大桥连接。南丫岛的发电厂则为整个香港岛供应电力。

　　香港的西北面有两个小岛，分别为青洲及小青洲，合称大小青洲，与香港岛中间隔着硫磺海峡。政府原计划将青洲以填海方式连接香港岛，并发展成为一个全新住宅区，同时建议以青洲作为发展 10 号干线中连接大

龙虎山郊野公园 >

屿山的海底隧道的起点。然而，在环保团体的强烈反对下，有关计划已搁置。目前两个岛上均没有任何居民居住。

香港岛地势较高的中心地带，除摩星岭、山顶、黄泥涌峡和部分渣甸山之外，大都属于郊野公园范围，包括龙虎山郊野公园、大潭郊野公园、内野公园、薄扶林郊野公园、香港仔郊野公园和石澳郊野公园等。除了给游人享受郊游乐趣之外，郊野公园为香港岛的"市肺"，并确保集水区不受城市的污染。园内的薄扶林水塘、香港仔水塘、大潭水塘和黄泥涌水塘为香港早期的主要食水来源。除郊野公园之外，香港岛东南部的鹤咀亦设有香港的唯一一个海岸保护区——鹤咀海岸保护区。郊野公园和海岸保护区均由渔农自然护理署管理。香港岛的东南岸有多个泳滩，包括深水湾、浅水湾、中湾、南湾、春坎湾、圣士提反湾、赤柱正滩、夏萍湾、龟背湾、石澳、大浪湾，为进行水上活动的热门地点。泳滩均由康乐及文化事务署管理。

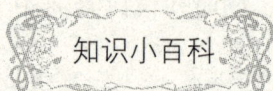

知识小百科

鹤咀海岸保护区

鹤咀海岸保护区是一个位于香港港岛南部、石澳半岛南端鹤咀的海岸保护区，所占海域面积约 20 公顷。该海岸保护区是香港唯一一个海岸保护区。保护区范围包括鹤咀的北部、东部及南部水域，也包括狗髀洲。保护区内有各种鱼类，以及石珊瑚、软珊瑚、柳珊瑚等海洋无脊椎动物，亦有多种不同的岩石，如凝灰岩、花岗闪长岩、流纹斑岩及玄武岩等。

和其他香港海岸公园一样，在海岸保护区内，除非获得渔农自然护理署许可，否则任何人都不可以进行钓鱼、采集生物、破坏岩石等活动。

2000 年，香港岛人口有 1367900 人，约占全香港人口的 19%。人口密度每平方公里 18000 人，高于整体密度（每平方公里 7000 人）。如果单以岛屿比较，香港岛是全香港人口最多的岛，也是中华人民共和国第二常住人口最多的岛，仅次于海南岛。

二、九龙半岛

九龙，是除香港岛及新界区外，香港的另一个主要组成部分。九龙位于香港境内的中心，与南面的香港岛一海之隔，北面的狮子山使九龙与新界区内陆分隔，东南西被维多利亚港包围，三面环海，因此地理上亦称为九龙半岛。历年来的填海工程，使九龙半岛的面积不断扩展，但仍是香港城市规划之三大主要部分中最小的，截至 2010 年，九龙的面积约 47 平方公里，2003 年政府公布显示，全港约有三成人口居于九龙区。

南宋以前，史书关于九龙的记载甚少，不过，从深水埗区李郑屋汉墓和旺角通菜街出土的晋代陶器，证明九龙在汉代时期已有人居住，并且受到中原文化的影响。另相传中国宋朝末年，1276 年 6 月 14 日即位的皇帝宋端宗赵昰被元朝军队相逼南逃避难，流亡逃至官富场，即今日的九龙城

宋王台 >

东方之珠——香港

一带，后人在海岸旁的一块大石上刻"宋王台"三个字以作纪念，即现存宋王台花园。

1860年，第二次鸦片战争之役，清廷再败给英法联军，签下《北京条约》，把九龙半岛南部连同邻近的昂船洲一同割让给英国。当时在九龙半岛上的新边界只用矮矮的铁丝网分割，位置就在今天的界限街。1898年，英国通过与清廷签订《展拓香港界址专条》及其他一系列租借条约，租借九龙半岛北部、新界和邻近的两百多个离岛，但九龙寨城除外，租期99年。自英国于1860年取得九龙半岛后，到1898年租借九龙半岛北部和新界，这30多年没有重点开发九龙，因为九龙半岛的控制权在军部，军部主要保留九龙半岛作为军事用途保护港岛。军部与英商一直争议九龙半岛的用途，直到1898年《展拓香港界址专条》签订后，九龙半岛的用途才改为商业与旅游，而开始大力发展。1904年，弥敦爵士出任香港总督，他大力拓展九龙半岛，如扩阔主要大道，包括后来因他而更名的弥敦道，当时九龙半岛的人流仍然稀少，被不少人指为蠢事，但时间证明了并非如是，现时弥敦道一带是九龙区人烟最稠密的地区。1905年9月，香港立法局通过兴建九广铁路的计划，到1910年正式通车。

1937年，政府开始将界限街以北及九龙群山以南的新界划作新九龙。1984年，中英谈判使香港这个历史遗留问题得以解决，"新九龙"这种划分已经不再有意义，所以现时两地都一并称为"九龙"。但位于新九龙的物业跟新界物业一样，须向香港特区政府缴交地租，而界限街以南的九龙的物业则只需缴交极低的象征式地租。但根据香港法例第1章释义及通则条例附表5，新界的定义仍包括新九龙，地域区分有别于实际应用。

根据1841年5月《辕门报》（即后来的《香港政府宪报》）所载，香港岛上居民可分为三大类，即渔民、农民和打石工人。与港岛一水之隔的九龙半岛，此三大分类自然亦无分别，一体并存。两者稍有不同的，是港岛的城市化步伐较快，起步较早，而九龙则起步较晚，要到1920年代之后才稍具规模。

香港九龙城区 >

　　历史记载，1860 年九龙人口不足 1000。2001 年香港人口普查，九龙的人口总数为 202 万人，占全港人口 30.2%。2003 年根据规划署对香港 10 年后人口分布的推算，九龙人口增长将较新界和香港岛为快。至 2012 年，九龙人口将增加 17%，达 237 万人，占全港人口的 31%，略高于 2002 年的 30%。

　　九龙一大部分土地是由填海所得，包括早期的启德机场等，而近年的西九龙填海计划是历来在市区进行的最大规模填海工程，它把九龙半岛的面积扩展了三分之一，并将海岸线向海港伸展，延展最多的部分达一公里阔，佐敦道码头、大角咀码头更因填海而消失，而来往佐敦道的航线亦取消。昂船洲原本是和九龙半岛分开的，在这次西九龙填海工程中，昂船洲正式和九龙半岛连接。截至 2010 年，九龙半岛的总面积扩展至约 47 平方公里，比毗邻的面积约 30 平方公里的澳门大出约 63%。

　　如今，九龙已经成为香港的主要商业区，这里的基础建设以及未来发展都已初见规模。地铁沙田至中环线由沙田区的大围开始，穿过大老山到达钻石山，再沿东九龙线前往启德新发展区、土瓜湾到达红磡。与南北线交汇后，再经由第四条过海铁路到达香港岛的会展，最终以金钟为终点站。

< 西九龙文娱艺术区的画廊

广深港高速铁路设西九龙总站，于 2009 年 10 月 20 日在香港特别行政区政府行政会议上拍板兴建，按照计划，香港段将会由香港的西九龙至港深边境的落马洲一带，线路全长 26 公里。

西九龙文娱艺术区是香港特别行政区前行政长官董建华于 1998 年提出的，在位于西九龙填海区临海地段兴建一系列世界级文化设施，希望借此提高香港的文化水平与世界地位。惟截至 2010 年，该计划仍在草议及咨询阶段。启德发展计划（前称东南九龙发展计划）是在香港启德机场旧址进行的大型市区发展计划。经过多年的研究及讨论，计划包括兴建大型体育场馆、都会公园、邮轮码头及旅游中心等核心建筑项目，并有多项住宅及商业发展项目，与马头围、九龙城、新蒲岗、九龙湾及观塘等地整合为一个综合发展区。

三、离岛

在全港 18 个行政区中，离岛区占地最广，人口最少。全区由二十多个大小岛屿组成，遍布香港的南面及西南面。离岛区是考古发现的宝库，

东涌炮台 >

考古遗址遍布大屿山、南丫岛及长洲，曾出土不少珍贵文物。此外，东涌炮台及各岛的庙宇，亦是游人爱到的热门地方。昂平一直以宝莲寺闻名，自90年代中建成了全球最大的户外青铜坐佛后，昂平更成为国际知名的旅游景点。大澳、长洲、南丫岛这些昔日著名的渔村及养鱼场，今天已成为著名的旅游热点。大屿山拥有独特的海岸风貌、各种天然景致、美丽的沙滩、幽深的树林，是郊游度假的首选。自1970年代后期开始，愉景湾逐渐发展为全面规划的私人市郊住宅区，具备完善的消闲设施，包括人工沙滩及高尔夫球场。

知识小百科

南丫岛

　　南丫岛位于香港岛的南面，面积约14平方公里，岛上的居民大多住在北面地势较平坦、可用作耕地的榕树湾一带。早在新石器时期就有人类在此聚居。自古至今，渔业就是岛民们最主要的谋生方式。今天的岛民早已不只是土生土长的原住民了，岛上的一万多居民中，外籍人士几乎占了一半。相对于喧嚣繁华的香港岛来说，南丫岛依然有着一种古朴的宁静。越来越多在香港工作的外国人来南丫岛定居，他们带来了咖啡馆和洋酒吧，也带来了比基尼泳衣和形形色色的洋玩意儿。南丫岛成了香港的欧陆风情岛，这种异国情调更吸引了很多现代派的中国年轻人，这些崇尚自由的"波波族"青年又使小岛变得颇有一些艺术气息了。考古学家认为南丫岛是华南最古老的文化遗址。这里一直是渔民的居住地，它的恬静氛围吸引着无数诗人、艺术家，以及其他希望逃避都市竞争的人们。

< 南丫岛

四、新界

新界是香港三大区域之一，指香港地区除香港岛及九龙外的区域。新界可分为两大部分，分别是与九龙半岛相连的新界内陆，以及包括大屿山为主的 233 个岛屿所组成的香港离岛，新界内陆面积为 747.18 平方公里，连同 233 个离岛计算，总面积则为 975.23 平方公里，占香港总陆地面积接近九成。全港约有一半人口居于新界区。

1898年6月9日，英国政府与清政府在北京签订《展拓香港界址专条》，租借由九龙界限线以北，至深圳河以南土地，连同附近233个岛屿，为期99年，到1997年为止。由于新租借的土地并没有统一名称，所以英国人便把这块土地称为"New Territories"（即"新领土"），中文名称"新界"，可指为"新的租界"之意。分隔租借地（新界）和割让地（九龙）的界限线后来被发展为界限街。唯因城市发展，界限街以北至九龙群山以南之土地已归入九龙一部分，称为"新九龙"。但根据香港法例第1章释义及通则条例附表5，新界的定义仍包括新九龙。

　　1899年4月16日，英国正式接管香港新界，因为新界地区幅员广阔，为方便香港殖民地政府对新界的管治，将新界划区而治，早期分为八约。经近百年来的多次区划调，至上世纪80年代，新界的行政区划扩展到九个区，新界九区一直沿用至今。

第三节　占据天时地利的交通

一、九龙及香港岛之间的维多利亚港

　　维多利亚港是位于香港的香港岛和九龙半岛之间的海港，是亚洲第一，世界第三大海港。维多利亚港的名字来自英国的维多利亚女王。由于港阔水深，为天然良港，香港亦因而有"东方之珠""世界三大天然良港"及"世界三大夜景"之美誉。维多利亚港一年四季皆可自由进出。早年已被

<維多利亚港湾

英国人看中有成为东亚地区优良港口的潜力,后来从清政府手上夺得香港,发展其远东的海上贸易事业。维多利亚港一直影响香港的历史和文化,主导香港的经济和旅游业发展,是香港成为国际化大都市的关键之一。

根据2004年的资料,维多利亚港面积为41.88平方公里,平均水深达12米。最深的航道是鲤鱼门,深约43米,最浅的航道则是油麻地,约为7米。范围东至鲤鱼门,西至青洲、青衣岛南湾角及汀九(该带水域又称为"西锚湾")。维多利亚港潮差约1米。海港内包括青衣岛、青洲、小青洲及九龙石等岛屿,以及蓝巴勒海峡、硫磺海峡及鲤鱼门等水道。

维多利亚港是一个天然的深水海港。它的形成大概在7000多年前,当时海平面比现在低。当时的维多利亚港是太平山与九龙之间的一个山谷。后来随着海平面上升,原来的山谷被海水淹没,成为了今日的海港。

维多利亚港的水位高度最高纪录为3.96米,纪录于1962年台风温黛袭港期间产生。因全球气候暖化、大型填海、珠江口流出的淡水及沉积物以及南海的海流等因素影响,在1954年至2004年共50年期间,维多利亚港的水位高度共上升12厘米,平均每年上升2.3毫米。而且在1987年至 1999 年期间，维多利亚港的水位更以平均每年 22 毫米的速度上升，升幅是全球水位上升速度的 10 倍，不过，在 1999 年后，维港水位已急速下跌。

维多利亚港在香港开埠之时颇为广阔，因为当时两岸都是天然的海岸线。在今日北角东部，直到 1930 年代还是一个海滩，而在 1970 年代时，即使在筲箕湾的码头，仍然会有人在岸边游泳。然而，随着都市的发展，污水不断排入海港里，使海港受到极大的污染；加上维港两岸不断地填海取地，使海港内变得浪大和湍急。1980 年代当港英政府草拟香港机场核心计划时，曾建议把海港从维多利亚港外迁到青衣的蓝巴勒海峡或南丫岛外的博寮海峡，但未有成事。

1841 年，英国占领香港。清政府与英国签署《北京条约》后，1861 年 1 月英军占领九龙半岛，4 月将香港岛与九龙半岛之间的海港，以当时在位的维多利亚女王的名字命名为维多利亚港，在此以前，清朝文牍称为尖沙咀洋面或中门。类似的情况还有维多利亚公园、维多利亚城（今西环至铜锣湾一带）和维多利亚山（即太平山）等。

香港可供发展的平地很少，因此自 1841 年开埠以来，政府多次集中在维多利亚港进行填海工程。1842 年，皇后大道及云咸街的兴建造成大量沙石，为免搬运至其他地区存放，于是直接把沙石推进海港，扩大香港的发展面积。1852 年展开的文咸填海计划，是香港首次正式填海工程，位置在今日上环文咸东街一带，目的是将上环的发展面积进一步增加，以兴建政府部门及港口设施，发展维多利亚城。

后来，填海工程由原来的港岛西面，进一步扩展至整个香港岛及九龙，以利香港的发展。中环德辅道、湾仔北、铜锣湾、尖沙咀东、启德机场跑道、港澳码头、红磡湾、观塘工业区、土瓜湾和西九龙等重要发展地方，全都是填海造地得来。

因香港为亚洲的重要港口之一，在 20 世纪初至 1970 年代，造船业亦十分发达。当时，香港拥有亚洲两个最大规模的船坞，分别是位于鲗鱼涌，由太古洋行开设的太古船坞，以及位于红磡的黄埔船坞。船坞雇用的工人数以千计，造船技术和出产船只的排水量皆与日本齐名。然而，自 1970 年代起，香港的航运业开始衰退，地产业则开始起飞。两所船坞分别在 1970 年代及 1980 年代拆卸，其后在青衣合作开设香港联合船坞，原址改建成住宅及商场，即今日的太古城与黄埔花园。

维多利亚港是天然的深水港，港口水域广阔，平均水深达 12 米，海底泥层亦没有淤泥阻塞，可同时容纳上 50 艘万吨级的大型远洋轮船。另外，港口东面的鲤鱼门和西面的汲水门较窄，加上受九龙半岛和香港岛的群山所包围，形成港口四面环山，强风因而为山势所阻。港内又设有多个天然及人工的港湾与避风塘，足以让船只在平日甚至热带气旋来临时，免受风浪侵袭。此外，由于香港气候温暖，港口终年不结冰，船只可自由进出。基于各项优秀条件，香港因而成为优良转口港。

维多利亚港日间蓝天白云碧水，小船和万吨巨轮进出海港，互不干扰，到了夜晚便更加灯火璀璨，缔造"东方之珠"的壮丽夜景。香港有多种海上观光船，其中天星小轮最受欢迎。天星小轮主要往来中环、湾仔及尖沙咀等市区旅游点，也接驳不少其他交通工具，非常方便，收费低廉。游客除了可以依靠天星小轮穿梭港岛和九龙外，也可在船上饱览维多利亚港两岸景色。天星小轮作为游览维多利亚港首选途径之一，曾被美国《国家地理杂志》列为"人生 50 个必到的景点"之一。

一百多年来，维多利亚港的角色远远超越了一个普通的港口。维多利亚港一带在位置及地貌上来说都是香港的中心，它是香港重要的天然资源，也是香港市民生活的一部分，每天数百万人次跨越南北两岸。经济上，它拥有世界上最繁忙的集装箱港口之一，见证着香港的商贸、经济和旅游业的变迁；文化上，维多利亚港以及维多利亚港两岸的建设、发展、花絮、新闻、是是非非和喜庆盛事影响着香港的历史和文化内涵，为香港这个国际大都市不断增添华彩和魅力。

由于维多利亚港分隔香港岛和九龙半岛，维多利亚港的交通对香港发展尤其重要。1890 年代起，早已有渡海小轮往返维多利亚港两岸。随着香港经济发展，维多利亚港的交通设施由原来渡海小轮发展至海底隧道、地下铁路等现代化设施。

维多利亚港上虽没有桥梁横过，但它的底下现时有三条过海行车隧道，分别是 1972 年通车的香港海底隧道（红磡海底隧道）、1989 年通车的东区海底隧道以及 1997 年通车的西区海底隧道。

香港海底隧道又名红磡海底隧道（简称红隧或旧隧），是香港第一条海底行车隧道，于 1972 年 8 月通车，耗资港币 3 亿 2 千万元兴建。目前，红隧是世界上最繁忙的 4 线行车隧道之一，也是香港最繁忙、使用率最高的道路。海底隧道南端出入口位于奇力岛（又称灯笼洲），因工程关系该岛已与香港岛连接。北端出入口所在的土地位于红磡以西，亦为填海所得。隧道使用旧式设计，只有双程双线行车，早于通车 10 年后行车流量已经饱和，往港岛方向每天上下午繁忙时间经常出现挤塞情况。因此，除隧道收费外，由 1984 年 6 月 1 日起，当局向所有车辆征收隧道税，以求减低流量。而该隧道专营权在 1999 年 8 月 31 日届满，现已交还香港特区政府管理。虽然先后有东区海底隧道及西区海底隧道通车纾解车流，但由于两隧均收费高昂，地理位置又不及香港海底隧道方便，故隧道的饱和程度仍日益恶化。在周末及假日前夕，有时到凌晨 12 时左右仍可见车龙。2006 年，平均每日行车量达 124000 架次。

车水马龙的红磡海底隧道入口 >

东区海底隧道简称东隧,是香港第二条过海行车隧道。隧道连接香港岛东部和九龙东部,全长2.2公里,共有5条管道:两条双程双线行车管道、两条为港铁将军澳线使用(将军澳线通车前为观塘线使用),以及一条容纳环境控制系统的管道。隧道南端为鲗鱼涌,与4号干线(东区走廊)交汇;北端的茶果岭出入口设有收费广场。1986年,中信泰富旗下的新香港隧道有限公司以"建造、营运、移交"(BOT)方式获发东区海底隧道30年的专营权。2005年,该公司在有庞大盈利下仍申请加价成功,引起市民很大的回响,亦使本已饱和的香港海底隧道的车流量而不合理化。2006年,平日的行车流量约为61000架次。

西区海底隧道简称西隧,是香港第三条过海行车隧道,是全港首条双程3线行车的过海隧道和全港最大的海底隧道。隧道全长1.97公里,连接香港岛的西营盘和九龙油麻地附近的西九龙填海区,是香港第1条双程3线分隔沉管式隧道,并与机场铁路的第三条过海铁路隧道同时兴建。九龙出入口附设有20个缴费亭的收费广场,当中4条行车线可随时改变行车方向,如繁忙时间便可为同一行车方向提供12条行车线。并在油麻地交汇处连接西九龙公路;西营盘出入口的交汇处包括17条接驳天桥、1条下通路和多段引道,连接4号干线。中信泰富旗下的香港西区隧道有限公

< 西区海底隧道

司在 1997 年以"建造、营运、移交"方式获发西区海底隧道 30 年的专营权。因其高昂收费，西区海底隧道车流一直偏低，未能分流香港海底隧道的负担。2006 年，平均每日行车量只有 44373 架次，远低于可供行车数目的 180000 架次。

香港第四条过海隧道是一条计划中的海底隧道，研究在香港海底隧道东面兴建另一条海底隧道。倡议中第四条海底隧道由连接香港岛的炮台山和九龙黄埔，并考虑同时兴建铁路管道，以减低第五条过海铁路隧道的兴建成本。有关工程的建议已经响起了一段时间，以舒缓红隧的交通流量压力。虽然先后有东区海底隧道及西区海底隧道通车为香港海底隧道分流，但由于由中信泰富旗下的两间隧道公司所垄断，两隧均多次加价以致收费高昂，加上地理位置不及香港海底隧道方便和过于分散，故隧道的饱和程度日益恶化，使红隧所承受的压力愈来愈大。因此兴建第四条过海隧道的呼声再次响起，以抗衡中信泰富对香港过海交通的垄断。

香港每年夏季时均不时会遭受台风侵袭，因此，维多利亚港内设有多个避风塘供船只躲避风雨及停泊，亦有不少经营游览维港以及香港一些离岛的船艇，部份更提供娱乐设施和餐饮服务。铜锣湾避风塘除了是游艇的停泊点外，也以避风塘菜闻名，以富辛辣及味浓特色的海鲜料理为主，当

铜锣湾避风塘 >

中的避风塘炒蟹更是香港著名的地道美食之一，昔日的不少食店已"上岸"移到北角至铜锣湾一带经营。

二、一衣带水——深圳河

深港之间有条一衣带水的界河——深圳河。她投射着深港上空的天光云影，连结着深港之间的不解情缘，见证了近代中国的屈辱，以及改革开放深圳特区的变迁。

深圳河是香港与中国内地的界河，是香港最长的河流，属香港特别行政区管辖范围。罗湖桥、福田口岸边境大楼等横跨于深圳河上。事实上现时的边界除了深圳河外，还有沙头角河和中英街。

深圳河发源于梧桐山牛尾岭（与沙头角河几乎是同一发源点），由东北向西南流入深圳湾，全长 37 公里，河道平均比降 1.1%，水系分布呈扇形，主要支流有布吉河、福田河、皇岗河、新洲河及香港一侧的梧桐河和平原河。流域面积为 312.5 平方公里，其中深圳一侧为 187.5 平方公里。

人们通常所称的深圳河是指沙湾河与莲塘河汇合处———三岔河以下河段。因此关于深圳河的源头，主要就有两种说法：香港方面认为指深圳河在沙湾河与莲塘河汇合处三岔河以上的干流为莲塘河，发源于梧桐山；深圳方面则认为深圳河三岔河以上的干流为沙湾河，发源于牛尾岭。牛尾岭位于龙岗区平湖镇和布吉镇的交界处，大体东西走向，其东侧是平湖的上木古村，西侧是布吉的甘坑，机荷高速公路从其南面经过。牛尾岭看上去是一座并不比市区的莲花山高的小山包，却是东江水系和珠江水系的分水岭。

1898 年，英国人逼清政府签订了《拓展香港界址专条》，深圳河就成了深圳与香港的界河。直至中国改革开放前，深圳河更是隔开社会主义与资本主义的"柏林墙"。曾几时，南岸的香港人忙着建设"东方之珠"，河北岸，却是阶级斗争警钟长鸣。北岸的深圳罗芳村，人均年收入 134 元人民币；南岸几百米外的香港新界也有个罗芳村，人均年收入几万港币。更具讽刺意味的是，新界原本并没有一个什么罗芳村，居住在这里的人竟全是从深圳罗芳村逃过去的。北岸衣衫褴褛，南岸灯红酒绿。最难以抹去的记忆，是当年深圳河边不时传来警犬的狂吠和偷渡者被抓获的叫声。从 1950 年代后期开始，深圳河先后发生过多起大规模民众集体越境逃港事件。到了 1977 年，边防部队已是防不胜防。

1977 年 11 月 11 日，邓小平到广州视察工作。邓小平约见广东省委领导人说："在你们广东划出一块地方，也搞一个特区，怎么样？过去陕甘宁就是特区嘛，你们去闯一条路，也可能是血路，但我们别无选择，要杀出一条血路来……"深圳特区不辱使命，为社会主义中国杀出了一条血路，也让自己成了人们向往的乐园。对改革开放有着强烈的向往和追求的年轻人奔向深圳，这种向往和追求，不亚于当年大批有志青年到革命圣地延安的那一股子劲。弹指一挥间，深圳已是聚集 700 多万平均年龄只有 28 岁的年轻人的大都市。

深圳河由于河床狭窄，河道曲折，加上受海潮顶托，一遇洪水便宣泄不畅，排洪能力仅为 2 ~ 5 年一遇。有一条安全、优美的深圳河，是深港两地居民的共同愿望。1981 年 12 月，深圳市政府与当时的港英政府就治

经过治理后的深圳河 >

东方之珠——香港

河问题展开谈判，并于次年4月组成联合小组展开工作。1985年3月，双方基本确定了分三期治理的治河方案。自此，治理深圳河工程成为历年来深圳市政府的重点项目之一。

深港联合治理深圳河工程于1995年5月开工，经过11年的分期建设，2006年11月30日第三期工程顺利完工，共治理河段长度约18公里，完成工程投资约20亿港元，防洪标准由治理前的5年一遇提高到50年一遇，下游段的泄洪能力由600立方米/秒提高到2100立方米/秒，航运条件和水环境也得到一定程度改善。为了实现深圳河治理的长远效益，深港联合相继开展了防浪墙补齐及改造加固工程，并增加了水环境改善项目，在提高防洪标准的同时，美化深圳河的堤防景观，改善深圳河的水环境。

三、通达世界的交通

香港境内现时设有6个陆路过境管制站连接中国广东省深圳市，包括位于罗湖、落马洲的铁路管制站及位于落马洲、文锦渡、沙头角和深圳市蛇口的四个车辆口岸。由九龙巴士营运的76K、276B及N76(后者通宵服务)提供往来位于香港新田的落马洲公共交通转车站与北区及元朗区的专营巴

<沙头角口岸

士服务，供乘客于落马洲转乘皇岗口岸—落马洲过境穿梭巴士服务前往深圳皇岗。经文锦渡或沙头角出入境的乘客只能利用过境穿梭巴士出入境。经深圳湾出入境的乘客城巴 B3、B3A 或 B3X 以及屿巴 B2 或 B2P 来往屯门、天水围及元朗。经港铁东铁线落马洲站出入境的乘客九巴 B1 或小巴 75 往来元朗。

　　港铁与内地铁路部门合作运营的城际客运服务（港人称之为"直通车"），提供了跨境铁路客运服务，连接香港与中国内地。此服务共设 3 条路线，即广东线、上海线及北京线，所有路线的港方终点站均设在红磡站。城际客运服务快捷、票价相对比飞机便宜，为不少港人及内地人所使用，也是重要的跨境服务。

　　香港共有四个跨境渡轮码头，分别位于香港岛上环的港澳码头、九龙西尖沙咀的中港码头、新界西屯门的屯门码头及机场的海天客运码头。多间公司提供来往香港至澳门及广东省多个沿岸城市的航班服务。

知识小百科

喷射飞航

　　喷射飞航是信德集团及香港中旅合资的快速客运渡轮服务品牌，于 1999 年 7 月 1 日成立，主要营办香港、澳门及深圳三地之间的航线。喷射飞航现时拥有全球

喷射飞航 >

规模最大的喷射船队，拥有7种不同种类的船，其中16艘为水翼船，要提供24小时来往香港和澳门的航海服务，船程约为55分钟。喷射飞航在2007年开始投资逾港币1000万元，把船队外观颜色涂装更新，换上醒目的"跑车红"，而商标也改用流线型图案组合。

香港的航空运输极为繁忙，属亚洲地区的重要航运枢纽之一。位于九龙城区的启德机场于1998年停止服务后，香港国际机场正式迁往位于新界西大屿山的赤鱲角。

香港国际机场是香港目前唯一运作中的民航飞机场，于1998年7月6日正式启用，由香港机场管理局管理，位于新界大屿山赤鱲角，故此俗称赤鱲角机场。香港国际机场是亚洲转运机场，设有96个停机位，24小时全天候运作，于2011年处理了333760架次飞机升降量、5390万人次旅客及410万公吨货物。2011年，香港国际机场的客运量名列全球第十，2010年在货运上升至世界第一。

香港国际机场是国泰航空、港龙航空、香港航空、香港快运航空和华民航空的枢纽机场。随着第二条跑道于1999年5月启用和多项扩展计划

< 香港国际机场

港澳客轮码头直升机机场 >

完成，香港国际机场渐渐发展成为了亚洲的客、货运枢纽机场，有逾百家航空公司每日提供约 900 架次定期客运及全货运航班来往香港及约 150 个遍布全球的目的地。此外，每周亦有额外不定期的客运和货运航机来往香港。香港国际机场被 Skytrax 评为五星级飞机场，于 2001 年起至今一直跻身三甲，当中八度被评级为全球最佳机场。除此之外，香港国际机场在 2006、2007、2008 及 2010 年四度被知名商务旅游杂志《商旅》评为中国最佳机场，于第 21 届 TTG 旅游大奖选举中获选为最佳机场，并且在年客运量逾 4000 万人次的机场类别中，获国际机场协会推选为全球最佳机场。为了满足日益增加的航空交通需求，雇员约 65000 名职员的香港国际机场自启用以来不断地增加、添置设施，扩充及改善建筑物。近年，香港国际机场陆续有多项重要的设施相继落成及启用。

　　香港拥有三个主要的直升机场，分别位于香港岛港澳码头所在地上环信德中心、西九龙机铁九龙站附近及香港国际机场之内。除此之外，香港境内还有多个小型直升机坪，包括位于九龙尖沙咀的半岛酒店天台、位于长洲东湾海滩及观音湾之间的直升机坪及多间医院的天台。香港的直升机服务主要由空中快线提供。每日提供香港中西区的港澳码头至澳门新外港码头的航班服务，航程需 16 分钟，每日开出 56 班，堪称世界上最频繁的同类型穿梭服务。

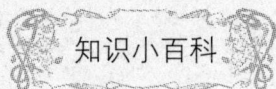

知识小百科

空中快线

空中快线前身是"港联直升机（香港）有限公司"（以下简称：港联直升机），于 1997 年与"亚太航空有限公司"（以下简称：亚太航空）结盟，联合经营港澳之间直升机航线服务，是香港和澳门首间提供直升机跨境接载服务的公司，2008 年，港联直升机改名为空中快线。空中快线公司总部设于香港，而维修中心设于澳门路环。拥有 6 架可载 12 名乘客，由意大利制造的阿古斯塔威斯特兰 AW139 直升机，提供两条由澳门往来深圳及香港的固定直升机航线，亦提供珠江三角洲区内之包机服务。

第二章

百年沧桑话香港

　　这棵古榕树位于中英街第四号界碑旁，已经有一百多年的历史了。树干苍劲，枝繁叶茂，由于树根长在深圳一方，叶枝覆盖香港一方，因而构成了一幅奇妙的景观，被喻为"根在祖国，叶覆香港"。这棵古榕树与第四号界碑形影相依，构成了中英街上一道自然与人文相互映衬的特殊风景。同时，也见证了中英街的百年沧桑和屈辱历史。

∧ 1997 年 7 月 1 日，香港会展中心举行政权交接仪式，中华人民共和国香港特别行政区正式成立。"米字旗"徐徐降下，五星红旗和洋紫荆区旗伴随着庄严的国歌冉冉升起，香港，经历百年沧桑，终于回到祖国母亲的怀抱。

第一节 地名"香港"的由来

一、说法一：香港的得名与香料有关

香港的得名同香料有关。那时，香港这座小岛在行政上隶属广东东莞。从明朝开始，香港岛南部的一个小港湾，因为转运产在广东东莞的香料而出了名，才被人们称为"香港"。据说那时"香港"转运出去的香料，质量上乘，被称为"海南珍奇"，香港当地许多人也以种香料为业，"香港"同种植的香料一起，名声大噪，也就逐渐为远近的人们所认可。不久这种香料被列为进贡皇帝的贡品。可后来，村里人不肯种植了，皇帝便下令杀了村长，村民们四散逃走，香料的种植和转运，也就在香港逐渐消失了，但香港这个名称，却保留了下来。

二、说法二：香港是一个天然的港湾

香港是一个天然的港湾，附近有溪水甘香可口，海上往来的水手经常到这里来取水饮用。据说，"香港"当时只是指今天香港岛上的一个小村落。这座小村落靠近大海，村里有一条小溪流注入大海，形成了一个天然的港湾。溪水甘香可口，海上往来的水手，经常到这里来取水饮用，久而久之，甘香的溪水出了名，这条小溪，也就被称为"香江"，而香江入海冲积成的小港湾，也就被称为"香港"。有一批英国人登上香港岛时就是从这个港湾上岸的，所以他们也就用"香港"这个词来命名整个岛屿。直到今天，仍然有人用"香江"作为香港的别称。

三、说法三：因"香姑"而得名

香港的得名同一个名叫香姑的女人有关。据说香姑是一个海盗头目的妻子，丈夫死后，她继续在这座小岛上拉起人马占岛为王，"香港"就是"香姑的港口"的意思。这种说法，看来有些离奇。

尽管有许多不同的说法，但可以大致肯定的是，"香港"这个地名最早出现在明朝，它最初是指今天香港岛上的一个小港湾、小村落，后来才扩大为对整个岛屿的称呼，最后，到了本世纪初，才成了被英国殖民主义者占领的整个地区的统称。对于以上三种不同的说法，多数人赞同第一种，认为"香港"是因转运香料而得名，不过，三四百年前鼎盛的制香、运香业，除了给香港留下一个芬芳的美名之外，到今天已经没有其他什么痕迹了。

第二节　1840年前的香港

一、秦汉时期

秦始皇灭六国后，随即派遣大军平定今日的广东和广西地区，并设立南海、象和桂林三郡；香港隶属南海郡番禺县管辖。秦朝覆亡后，南海尉赵佗建立南越国，定都番禺（今广州），当时的香港亦受南越国管治。南越国为汉所亡后，香港仍归番禺县管治。香港至今仍未发现秦代遗物，只在大屿山白芒遗址发现过南越国时期的文物。

汉代遗址计有马湾东湾仔、大屿山竹篙湾、屯门龙鼓上滩、西贡沙下西洲和李郑屋汉墓，出土器物包括陶器、青铜器、铁器等。而李郑屋汉墓的墓砖，更有"大吉番禺"铭文，证明东汉时香港属番禺县管辖范围。李郑屋汉墓所发现、结构及出土文物等，说明汉墓与华南地区发现的东汉墓如出一辙，并证明中原文化在两千年前已传播到香港。

知识小百科

香港屯门扫管笏遗址

扫管笏遗址位于香港特别行政区新界屯门南部扫管笏村西南的古沙堤上。自1920年代以来，中外学者曾对该遗址进行了多次的田野调查和试掘、发掘工作，取得了一定的学术成果。2008年11月–2009年7月，为配合香港屯门扫管笏遗址兴

∧ 香港文物探知馆展出的九龙旺角出土的汉代陶罐

建学校工程，对扫管笏遗址进行了大型抢救性考古发掘。发掘及初步研究表明，扫管笏遗址主要包含了约相当于商周时期、东周时期、汉代以及明（清）等四个时期的文化遗存。商周时期的文化遗存，主要是发现了保存相当完好的活动面。活动面上发现了灶址、房址、墓葬和灰坑等遗迹现象以及分布密集的陶片、石制品等文化遗物和人类有意采集而来但未经过加工或使用的天然石块等。文化遗物主要包括陶器、石制品和少量青铜工具等。陶制品以夹砂陶为主，出现了数量较多的泥质硬陶，如夔纹陶、方格纹陶等，并发现部分原始瓷器。该次扫管笏遗址历史上最大规模的抢救性考古发掘，发现了不同时期、内容丰富、形式多样的古代人类文化遗存，反映出扫管笏遗址文化内涵的丰厚及长久的延续性，为深入解读不同时期香港地区古代居民的生产、生活状况提供了重要线索。

李郑屋汉墓是香港迄今发现的唯一一座东汉砖室墓，该墓是 1955 年香港政府在李郑屋村夷平山地兴建徙置大厦时发现的。汉墓用砖砌成，由前、后、左、右四个墓室及一条羡道组成，形成平面如十字形对称的布局。前室顶部为穹窿顶，其余三个墓室则为单券顶，是东汉时期常见的墓室形制。墓砖平均长 40 厘米、阔 20 厘米、厚 5 厘米，多为素面，亦有部分墓砖的侧面刻有或印有文字和花纹。花纹有十多种，以菱形及轮形构成的几何图案为主，也有简化的动物形象图案。考古学家在汉墓中发现了五十八

<李郑屋汉墓博物馆

我爱香港

件陪葬品，其中五十件陶器可以分为炊煮器、饮食器、贮藏器和模型；另外八件青铜器则有盆、镜、铃和碗等。墓内并没有人骨。李郑屋汉墓的结构以至出土器物的类型，与华南地区发现的东汉墓如出一辙。结构方面，十字形穹窿顶砖室墓在东汉时期十分流行；器物方面，在汉墓发现的三足陶鼎、温酒尊、陶魁、陶厄等都是汉代民间常用的陶器，也常出现于汉墓的画像砖中。而一套四件的陶制模型——屋、仓、井和灶，更是东汉时期陪葬物的常见组合。再结合墓砖铭文的"番禺"二字，可以推断古墓是东汉时期（公元25—220年）的建筑物。李郑屋汉墓不单反映东汉时期先民的生活，更印证了香港在汉代属番禺县管治。

二、魏、晋、南北朝时期的香港

从东吴至东晋成帝咸和五年（222-330年），香港地区隶属南海郡番禺县，翌年开始改属东莞郡宝安县。在此期间中原地区战乱频仍，但岭南则相对安定，不少北方人带著家财和技能移居南方，促进了华南地

∧ 香港出土的魏、晋、南北朝文物（香港历史博物馆藏）

区的开发。就香港地区来说，目前只在大屿山的白芒发现过晋代遗址，但深圳及广州地区这时期的墓葬为数不少，为沿海居民的活动提供了重要的证据。

南朝（420–589年）君主多崇佛，相传在刘宋文帝（424–453年）年间，杯渡禅师曾驻锡屯门，相信当时佛教已传播至本地。

三、隋、唐、五代时期的香港

隋唐两代，对外贸易渐趋活跃，广州成为南方主要口岸。往来商舶多停靠屯门，政府乃设置屯门镇，派兵二千驻防。唐肃宗至德二年（757年），香港改隶广州府东莞县管治。本港沿岸包括大屿山、赤角、长洲、南丫岛、屯门及港岛的舂磡湾均发现过不少唐代灰窑，可能与当时本区的海盐生产有关；在屯门对岸的大屿山白芒遗址发现的唐代"开元通宝"及专供外销的长沙铜官窑瓷壶，印证了屯门在唐代的海上贸易地位。

五代南汉时，因香港地区盛产珍珠，朝廷于大埔海一带招募专户采珠，并派兵驻守。

四、宋元时期

宋代北方少数民族长期侵扰中原地区，南方相对安定及大量尚未开垦的可耕地，吸引了大批中原人士南移入居。其时入居香港地区的邓、彭、林、陶、侯、吴、文等姓族，定居于锦田、屯门、大埔、龙跃头、粉岭、屏山、上水及衙前围等地，以务农为生。朝廷以本区盛产海盐，遂置官富场（即盐场），派官专责煮盐事务，并派军队驻防，严禁私盐贩卖。南宋末年，

> 香港出土的宋代文物
（香港历史博物馆藏）

两幼主帝及帝昺因避元兵追捕逃到本区匿避，曾驻兵于九龙城以南一带。宋败亡后，部分军眷定居本区。

五、明清时期

本港的社会经济在明代有所发展，外来姓族陆续迁入本区，而前代入迁者亦宗族繁衍，分迁立村。明万历元年（1573年），香港地区归新设的新安县管治。根据记录，当时本区已有七十四条村落，村民以务农、晒盐、捕鱼、采珠及种植香树为生。大埔碗窑盛产青花瓷器，除内销外，还远销外地。大屿山竹篙湾发现逾万件陶瓷残片，推测香港地区可能是海上丝路的中转站。明朝末年，朝廷更于佛堂门、龙船湾（即粮船湾）及大澳设汛站以防御海寇侵扰。

清初，朝廷颁布迁界令，居民被迫内迁，本港大部分地区遭荒弃。复界后，朝廷下诏奖励内地人士入迁，大批客籍人士迁入，散居在本港较偏远之处，以务农为生。早前定居的本地氏族迁回原地，扩建祠堂、兴建书室、

< 大屿山出土文物明代青花碗

又创立墟市，如大埔太和市、上水石湖墟、元朗旧墟等。而一些家族或村庄则组织乡约联盟与之抗衡，如沙田九约及元朗十八乡等皆是。清廷在沿岸设置炮台以防御海盗，而为防英人，又在东涌增设所城及修建九龙寨城。在香港岛及九龙先后被英国割占后，更在佛头洲、马湾及长洲设立税关，向来往船只抽税。

第三节 1840 年后的香港

一、不平等条约下的香港

香港自古以来就是中国的领土。1840 年英国发动鸦片战争，强迫清政府于 1842 年签订《南京条约》，割让香港岛。1856 年英法联军发动第二次鸦片战争，迫使清政府于 1860 年签订《北京条约》，割让九龙半岛南端即今界限街以南的地区。中日甲午战争之后，英国又逼迫清政府于1898年签订《展拓香港界址专条》，强租界限街以北、深圳河以南的九龙半岛北部大片土地以及附近230多个大小岛屿（后统称"新界"），租期99年。这三个不平等条约，都是清朝政府屈服于英国的炮舰而签订的割地、赔款的不平等条约，使英国在香港实行殖民统治百余年。

一些著述和传媒是这样描述鸦片战争期间英国如何占领香港岛的：1840年8月英军在占领定海之后，北上到达天津白河口，惊慌失措的清政府急派直隶总督琦善去大沽与英国全权使臣懿律和义律谈判。1841年1月25日，琦善与英国签订了臭名昭著的《穿鼻草约》，条约第一款就是将香港岛割予英国。第二天，英国军队就占领了香港岛。这种说法似乎认为英国占领香港岛有确实的"条约根据"。实际上，英国是在毫无条约根据的情况下强占该岛的，道光帝事先既未曾闻知，更未予允准。

依据中英两国的档案记载，1840年8月30日，义律去天津大沽曾向清政府递交《巴麦尊子爵给中国皇帝钦命宰相书》，提出割让东南沿海一岛或数岛给英国等侵略要求。琦善根据道光帝的旨意拒绝了英方提出的侵略要求，劝说英军退回广东再继续谈判。几个月之后，琦善抵达广州继续与英方交涉。道光帝明确指示琦善，如果英方坚持其侵略要求，即采取果断措施，坚决用武力抗击侵略者。但是琦善慑于英军船坚炮利，力求妥协。由于道光帝的态度非常强硬，因此琦善在与义律谈判时只同意赔偿烟价，

琦善同英国驻华商务监督义律会谈 >

拒绝割让香港岛。1841年1月7日，英军野蛮地攻占了虎门口的大角、沙角，随即又提出霸占沙角等要求。琦善在英军武力胁迫下，万般无奈，复照英方，英军若退还定海、沙角等处，可奏请道光帝于珠江口外给予"寄寓一所"。1月14日，义律提出割占九龙尖沙咀、香港两地。琦善答以只能选择一处"寄寓泊船"，俟英方选定后，再由他上奏请旨。1月20日，义律突然宣布，他已经与琦善达成共有四项内容的"初步协定"，其中第一项就是将香港岛及港口割让与英王。1月26日，英军在没有任何条约依据的情况下，悍然侵占了香港岛。1月27日至28日，义律为了迫使中方承认其侵占香港岛为合法，又迫不及待地与琦善在莲花山进行会谈。两人在英方提出的重要条款，即割让香港岛和通商等问题上发生了争执，琦善表示对义律所拟定的协定草案再行筹思后方能具复。由此可见，1月20日义律宣布的"初步协定"实属无稽之谈。英国是在毫无条约根据的情况下强占该岛的，道光帝事先既未曾闻知，更未予允准。

1月30日，英方又故伎重演，英国远征军海军司令伯麦照会中方大鹏协副将赖恩爵，再次谎称义律已与琦善"说定诸事，议将香港全岛地方让给英国主掌，已有文据在案"，并要求撤走岛上各处的中国官兵。两天之后，英军又在香港岛张贴告示，妄称"现经与钦差大臣爵阁部堂议定诸事，将香港等处全岛让给英国寄居主掌，已有文据在案。是以香港等处居民，现系归属大英国主之子民"。历史事实是，琦善在英军炮口下，确有允许代为奏恳皇帝、准许英人在香港寄寓泊船之意。但是，当时香港一词，并非指香港全岛，而仅仅指该岛西南今香港仔一隅之地。英方却故意将一

<1842年8月29日，清政府被迫在英军舰上签订《南京条约》

我爱香港

隅变成了全岛，将"寄寓泊船"变为割占，将"代为奏恳"说成是"议定诸事"、"已有文据在案"。

《北京条约》原称中英《续增条约》，是英国强迫清政府订立的关于结束第二次鸦片战争的不平等条约。1860年10月24日，清钦差大臣奕訢与英国全权代表额尔金在北京签订，共九款。这个条约除确认中英《天津条约》仍属有效外，又增加了扩大侵略的条款：（1）开天津为商埠；（2）准许英国招募华工出国；（3）割让九龙司地方一区给英国；（4）中英《天津条约》中规定的赔款增加为800万两。签约后，英国即表示扶助清政府镇压太平天国革命，并支持洋务派奕訢当政。

《展拓香港界址专条》是英国强迫清政府订立的条约。1898年6月9日，清政府总理衙门大臣李鸿章与英驻华公使窦纳乐在北京签订。《专条》有中英两种文本，内容如下：

"溯查多年以来，素悉香港一处非展拓界址不足以资保卫。今中、英两国政府议定大略，按照粘附地图展拓英界，作为新租之地。其所定详细界线，应俟两国派员勘明后，再行划定，以九十九年为期限。又议定：所有现在九龙城内驻扎之中国官员，仍可在城内各司其事，惟不得与保卫香港之武备有所妨碍。其余新租之地，专归英国管辖。至九龙向通新安陆路，中国官民照常行走。又议定：仍留附近九龙城原旧码头一区，以便中国兵商各船、渡艇任便往来停泊，且便城内官民任便行走。将来中国建造铁路至九龙英国管辖之界，临时商办。又议定：在新展界内，不可将居民迫令迁移，产业入官。若因修建衙署、筑造炮台等官工需用地段，皆应从公给价。自开办后，遇有两国交犯之事，仍照中英原约香港章程办理。查按照粘附地图，所租与英国之地内有大鹏湾、深圳湾水面，惟议定该两湾中国兵船，无论在局内或局外，仍可享用。"

《专条》规定，该约画押后，应于7月1日"开办施行"。

通过《专条》的签订，英国强租了沙头角海到深圳湾最短距离直线以南、界限街以北广大地区，附近大小岛屿235个及大鹏湾、深圳湾水域，租期

<当年中英两国签订《展拓
香港界址专条》后合影

99年。此次"租借"，陆地面积达975.1平方公里，较原香港地区扩大约
11倍，水域较前扩大四五十倍。这些被强租的中国领土和领水，后被称为
香港"新界"，约占广东新安县面积的2/3。

知识小百科

紫荆花的故事

在香港的历史上有一段关于紫荆花的悲壮故事。1898年6月19日，《展拓香
港租界专条》在紫荆城签订，英国政府强行租借九龙半岛大片土地及附近二百多个
岛屿（后称新界），租期99年。两个月后，英方不顾中国民众的强烈反对和抵制，
强行提前举行占据仪式。数千名民众揭竿而起，武装保卫自己的家园，反攻英国军营，
使英军受到重创，但民众也遭到残酷的镇压，新界10万人口丧失了土地。劫变过后，
村民们在桂角山建造了一座大型坟墓，合葬那些壮烈牺牲的英雄。后来桂角山上长
出一棵从前没见过的开着紫红色花朵的树。几年后，那种花开遍了新界山坡，色彩
缤纷，尤其是清明前后，花期正盛，像是对烈士的缅怀，民众将其命名为紫荆花。

二、抗战时期的香港

1937 年 7 月，日本帝国主义发动全面侵华战争。1941 年 12 月 8 日，日本进攻英属香港至同年 12 月 25 日香港沦陷。在 12 月 8 日至 12 月 25 日期间发生了"香港保卫战"。这次战役后，日军开始了在香港"三年零八个月"的占领。

1937 年 7 月 7 日，中国抗日战争全面展开，日军迅速占领华北及华东大部分地区。由于中国东部沿海一带落入日军的控制范围内，广东省一带的华南沿岸地区成为了中国从外地输入各种物资的重要补给点。为切断这条补给线，日军于 1938 年 10 月 1 日在大亚湾登陆，并迅速攻占邻近地区，广州于 10 月 21 日陷落。而部分日军亦驻守于宝安县（今日深圳市）深圳河北岸，与英军为界。英国明白最终会与日本一战，遂于 1937 年后逐步加强香港的防卫。

在 1937 年至 1941 年期间，在中国抗日战争中作为中立国的英国政府，仍然刻意维持香港的中立地位。这段时间进入香港的中国国民革命军一律根据国际惯例，缴械后送入集中营。而香港的华人虽然亦有为祖国对抗日本的战事出钱或出力，但是一切都需要在不影响英国和日本关系的前提下进行。然而，日本当局仍对此感到不满，曾多次向港英政府抗议香港华人的反日行为。

在 1941 年 9 月 10 日，身穿殖民地官服的杨慕琦爵士于皇后码头登岸履新，正式接替早前以健康理由辞职的罗富国爵士为香港总督。杨慕琦抵港后，在 9 月 25 日第一次召开立法局会议，当时香港市面仍未料到两个多月后日军会入侵香港，杨慕琦更想不到三个月后自己竟为日军所掳。正因为英方相信日本不会宣战的关系，虽然大批难民从内地涌入香港，但市面情况则仍然一概如旧。而他本人甚至在 12 月 6 日前往半岛酒店出席慈善舞会，香港表面上可谓一片歌舞升平。

九一八事变后，英国亦开始担心，长此以往，香港也会受到牵连。英国在 1933 年的伦敦海军会议中通过废弃《华盛顿海军条约》，于是由 1935 年起，香港便开始展开预算高达五百万英镑的防御计划。1937 年底，当时刚上任的港督罗富国认为香港难以防守，曾建议香港列为中立的不设防城市，停止所有防御计划，但遭反对。而当时担任英国海军大臣的丘吉尔也曾表示"香港虽不能坚守，但一定要保卫"，所以，香港的防御计划继续进行。1938 年 7 月，港英政府通过了《紧急条例》，表面上保持中立，实际上积极备战。同年 9 月，港府更举行大规模的海陆空演习。大量难民从中国涌入香港，香港人口从 1936 年的约 100 万，增加至 1941 年的 160 万，港府开始规定英籍成年人必须入伍义勇军，又通过条例港督可随时征用市民财产，主要包括楼宇及汽车。

不过，虽说加紧备战，幅度仍然是十分有限的，在杨慕琦上任港督的时候，香港仅有英兵和印籍英兵约 11000 人，再加上本地义勇军 1387 人。此外，在他上任以前，英军驻远东三军总司令曾向时任英国首相丘吉尔请示，要求增兵香港布防，但丘吉尔认为香港根本无险可守而加以拒绝，由此可见，香港在太平洋战争爆发前夕，防守仍然十分脆弱。

1939 年，日本与纳粹德国结盟。而第二次世界大战亦由德国攻打波兰揭开序幕。但当时同盟国之一的英国仍没有向轴心国之一的日本宣战。

<摩星岭的海防炮，用于防卫日本侵略香港。但日本军队是从后面来的

但到了 1941 年 10 月 18 日，东条英机出任日本首相，当时他积极筹备太平洋战争，更于 11 月 6 日下令拟订攻击香港的计划。

就在日本海军偷袭美国太平洋海军基地珍珠港后数小时，即 1941 年 12 月 8 日，香港时间早上 8 时，由酒井隆中将所指挥的日军华南派遣军（第 23 军）之下陆军司令佐野忠义大佐（第 38 师团），指派步兵司令伊东武夫属下三大联队 228、229、230 步兵，配合第 66 队北岛冀子雄炮兵团作先遣部队，从宝安县分打鼓岭、罗湖及新田 3 组进攻香港。当时负责防守香港的主要有步兵 7 个营包括英国两营、加拿大两营、印度两营步兵和香港义勇军 6 队，加上皇家炮兵团及港星炮兵团，配合皇家海军等总共约 15000 人防守。然而英军自始即处于非常不利的的位置。日军方面，陆军有数量上的优势、士气高昂及训练充足，还有由广州开出的日机飞行团在香港上空轰炸支援。反观英军方面，陆军由杂牌军组成，训练方面参差不齐，空中力量亦异常单薄，也缺乏雷达可以使用，最重要是不同兵种之间存在配合问题。

战事一开始，日军便出动空军轰炸深水埗军营及启德机场，将英军的 5 架空军飞机及 8 架民航飞机全部摧毁，因此取得香港的制空权。当时英国海军在香港有数艘舰艇，包括泰维仁号、泰勒号及斯雅娜号等，也有十多艘鱼雷艇、炮艇作突击用途，大部分英国海军之前已经仓皇离开，撤往新加坡。

日本战机轰炸香港 >

百年沧桑话香港

负责防卫新界及九龙的，是一个称为大陆兵团约 5 千人的英军和印军，其总部设于九龙塘，包括皇家苏格兰第 2 营、旁遮普第 14 团第 2 营、拉吉普第 7 团第 5 营、香港义勇军第 1 连、香港义勇军炮兵，及一小队增援加拿大温尼伯榴弹兵部队、加拿大皇家来福枪部队。根据预定的计划，英军放弃难以守卫的深圳河，而将主力投放在九龙北面的山地上，称为醉酒湾防线。日军第 38 师团下的三个团：第 228、229 及 230 团，在 12 月 8 日早上起从正面越过深圳河，向南进发，228 联队经林村上铅矿凹，229 联队经沙螺洞、赤泥坪后过马鞍山出水牛山，230 联队先去锦田、元朗及青山湾，沿青山公路出荃湾。英工兵和 1 连旁遮普军破坏大埔公路及九广铁路，但未能阻慢以土井定七大佐为首的日军 228 联队前进。到了 9 日下午，日军 228 联队已经抵达醉酒湾防线上的城门棱堡 PB401。

　　当天晚上，日军第 228 团向 PB401 碉堡突击，最先发现日军的是驻守 PB401 的哨兵 Laird 下士，他并即时反击，听到枪声在 PB402 碉堡附近的维克斯机枪反击。A 连连长 Jones 上尉随即派出 Rodd 中士带同 7 名士兵沿管道作出增援，但被日军于管道中的气口投弹打败。日军继而攀上孖指径直扑位于的城门棱堡西面内的 A 连总部作猛烈攻击，结果 A 连连长 Jones 及第 8 排排长 Thomson 中尉等被掳，反抗时 Thomson 中尉被日军爆破碉堡弄至双目失明，逃亡时 Rodd 中士并无回 A 连总部而直接去拉吉普营 D 连免被捉拿。防守城门棱堡的苏格兰营 A 连被迫退至金山一带与 D 连会合。12 月 11 日大陆兵团旅长瓦理士准将曾一度要求苏格兰营营长 White 中校作出反击却遭拒绝，并令其他皇家苏格兰营向金山撤退。及后日军再次向金山发动攻击，在昂船洲的义勇军炮兵试图向城门棱堡发炮作出支援，但错误地打中金山上的守军，使 B 连及 D 连连长阵亡，金山失守，总部派出驻城门水塘一带的印籍拉吉普 D 连救援，最终醉酒湾防线被突破，日军并于第二日占领青衣岛及直扑荔枝角。总部感到大陆兵团随时有被大包围危险，加上九龙总警司向旅长报告香港警队已经放弃九龙，街上汉奸（即自称"胜利友"的黑社会分子）四处抢掠，英军被迫放弃九龙半岛。直至

12月12日傍晚，除鲤鱼门北岸的魔鬼山外，新界及九龙都已完全陷于日军之中。12月13日，最后留守九龙的拉吉普营乘驱逐舰撤离到香港岛，九龙沦陷。日军曾派代表要求英军投降，却遭到港督杨慕琦拒绝。

之后数天日军不断炮轰及空袭香港岛北岸，包括在何文田架设大炮，由广州飞来日机轰炸多个英军炮台以及通讯和发电设施。防守港岛的是从九龙撤出的部队、两个加拿大团、第一米德萨斯军团，以及义勇军第1至第7连。总司令莫德庇少将把港岛分为东西两旅，东旅由九龙退回来的瓦理士准将作总指挥，主要防守铜锣湾及深水湾以东的海岸线，包括北角至柴湾、大潭至赤柱及浅水湾，总部设在大潭道和石澳道交界的高地。西区则由罗逊准将任总指挥，领西旅把守西环及中环海军船坞、薄扶林及以至香港仔寿臣山等西部海岸，总部设在黄泥涌峡附近。维多利亚城等要塞由苏格兰营军及义勇军4及7连防守，要塞指挥部及联合指挥部都设在海军要塞内。

12月14日，日军多次空袭香港岛的石油提炼厂、橡胶厂及多处民房设施，引发多宗大火，主输水管被破坏，一部分地区没有食水供应，粮食开始短缺，围城战开始。12月15日深夜，日军企图在港岛北岸强行登陆，遭守军击退。12月16日，日军利用何文田山大炮轰击港岛北岸，波及民居（特别是湾仔区），此时摩星岭守军反击破坏日军九龙设施及油库。12

加拿大守军在黄泥涌峡向日军还击 ＞

月 17 日，两连日军敢死队强攻北角发电厂附近海岸，遭守军尽歼。12 月 18 日晚上，日军击中北角油库，三大联队在黑暗的土瓜湾、跑道及茶果岭一带先用特制人力推动木筏静静地横过维多利亚港，其后用火船拉动特制登陆艇大规模快速登陆香港岛，皇家海军曾出动几艘炮艇拦截都失败，在北角至爱秩序湾一带由印军拉吉普营驻防的东区登陆，拉吉普营奋勇反击失败，营长卢连臣中校及印军沿柏架山道退败，日军 229 联队消灭拉吉普营 A 及 C 连后占领鲤鱼门要塞，攻入义勇军第 5 防空兵团驻守的西湾炮台并进行大屠杀，之后向大潭及浅水湾推进，东旅曾一度派出加军来福枪队 C 连出西湾解围，但最后撤退，并一度在柏架山一带迷路。翌日天晓时，日军已占领原由加军来福枪队 C 连及第一义勇军驻守的柏架山、义勇军第 3 连的毕拿山及渣甸山，并向西旅总部黄泥涌进发。东旅司令希望打持久战，于是命令位于港岛东的东旅撤退至赤柱，却使西旅以东的阳明山庄一带出现防卫缺口。

加军榴弹兵 D 连与义勇军第 3 步兵连共同扼守渣甸山及黄泥涌峡要道。虽然日军 230 联队推进至渣甸山时遇上西旅守军，而出现了自入侵香港以来未有过的大量伤亡，但 228 联队一小队从阳明山庄突然攻入黄泥涌峡，12 月 19 日西旅总部被日军突袭，加军司令兼西旅旅长罗逊准将及僚属因突围而全体战死，莫德庇少将带旁遮普营及苏格兰营反攻黄泥涌峡但为日军所阻，结果义勇军第 3 连全被剿灭，剩下加军榴弹兵与苏格兰营一

< 日军第 10 独立炮兵联队在宝马山攻击
守军据点，前方为北角发电厂的烟囱

同退守中峡、金马伦山一带，后来西旅改由原义勇军营长卢斯准将带领作第二次攻击但失败。莫德庇少将为坚决阻止守军被分割，命令义勇军物资分配组及皇家海军驻守浅水湾道中段，又命东旅派加军来福枪队及米德萨斯营驻守浅水湾及紫罗兰山径，东旅旅长瓦理士准将命香港仔旁遮普营 A 连沿寿臣山推进，皇家海军派出斯雅那号于南朗山对出大海助战，但结果大败，旁遮普营营长 Kidd 中校被杀，义勇军物资分配组更被大屠杀，斯雅那号沉没于东博寮海峡一带。同日，英国首相丘吉尔曾致电报到香港，鼓励守军抵抗到底，其电文谓："汝能抵抗敌军一日，对于全球之盟军，仍能有所贡献。"

此时，维多利亚城内煤气、电力中断，卫生环境日差，传染病横行，日本空军不时轰炸，造成不少市民死亡。日军 228 联队于炮台山打败北角发电厂内的休斯兵团及拉吉普营后，推进至礼顿山据点时遇到强烈阻碍。日军于 12 月 21 日围攻浅水湾及赤柱地区，米德萨斯营 B 连及加军来福枪队 B 连在浅水湾酒店一带英勇反抗。22 日至 24 日，日军在山区相继攻破由西旅的苏格兰营及加军榴弹兵联防的金马伦峡、马己仙峡等防线，及后市区礼顿山据点失守，剩余的守军包括两营印军、米德萨斯营 Z 连、炮兵及海军等以湾仔卢押道及船街作为最后防线，东旅的加军来福枪队曾一度抗命，此时东旅防线已退守至赤柱村以南，添马舰海军船坞和维多利亚城区被日军炮轰而引发大火。

12 月 25 日，港督杨慕琦发表圣诞文告，鼓励士兵奋战。当日下午 3 时，莫德庇少将向港督报告守军再无法组织有效的抵抗。港督杨慕琦在撤走部分军政人员后，在下午 5 时通知日军司令部称降，下午 7 时签署投降书。在赤柱的东旅一度不相信投降令，继续有效反抗 229 联队，并以赤柱炮台的 9.2 英寸大炮阻止日军推进，结果东旅在 12 月 26 日确认投降令后投降。

港督、英军总司令莫德庇少将及日军将领在九龙半岛酒店烛光下签署投降书，结束持续 18 日的香港保卫战。

<1941 年 12 月 25 日傍晚，香图港守军司令莫德庇少将在电力中断的半岛酒店与日军谈判

　　1941 年 12 月 25 日，在港督杨慕琦带领之下，一众英国殖民地官员渡海亲身前往被日军占据的半岛酒店的三楼三三六室的日军总司令部投降。酒井隆随即暂代香港总督职务，直到矶谷廉介接任为止。此日由于亦为圣诞节，因而香港市民称为"黑色圣诞"，自此香港人口中的"三年零八个月"香港日治时期从此开始。

　　到 1942 年 2 月 20 日，日军中将矶谷廉介成为了首任日治时期总督，香港正式沦为日本占领区。在这期间，香港人民开展了大量的反日运动，其中最著名的就是"一碗饭运动"和中国共产党领导的"港九大队"。

　　"一碗饭运动"原是美国医药援华会等团体于 1939 年首倡的。它每年举行一次，在美国人民和华侨中募集捐款，以购买医药和医疗设备，支援中国抗战。不久，"一碗饭运动"扩展到英国、加拿大、南美等许多国家。

< 日军于 1941 年 12 月 26 日在港岛北岸进行入城步操，陆军司令酒井隆（左二）在海军司令新见政一（左一）陪同下，向在轩尼诗道列队的日军敬礼

从 1937 年 7 月抗战爆发到 1941 年 12 月 7 日日本开始进攻香港之前，香港暂时免遭战火，香港成为抗日救亡运动的据点。为募集资金，救济伤兵难民，1941 年，时任保卫中国同盟（简称"保盟"）主席和中国工会国际委员会名誉主席的宋庆龄，在香港发起和领导了这场轰动全港的"一碗饭运动"。她认为在香港发起这样的运动，对激发 150 余万香港同胞的爱国救亡热情，募集救灾救难的经费具有重要意义。

5 月初，根据宋庆龄的倡议，"保盟"在香港成立了以宋庆龄为名誉主席，香港立法局华人首席议员罗文锦律师为主席，香港医务总监司徒永觉的夫人克拉克为副主席，并包括香港华商总会负责人在内的"一碗饭运动"委员会。经研究，委员会决定发售餐券 1 万张，每张港元 2 元，餐券的价值本可享受几道菜肴，但认购者只能持券到提供赞助的餐馆吃炒饭一碗，这种差额盈余将交给中国工业合作社为救济西北难民的基金。

举办"一碗饭运动"，立刻在香港各界引起极大的震动。第一位捐助者是威灵顿街丽山餐室的老板温梓明，他表示愿捐饭 500 碗。在他的带动下，香港各酒楼、餐室纷纷响应，几天中，就有 13 家餐饮店参加，共捐饭 5000 余碗。大家把它称作"救国饭"。

7 月 1 日晚上，在香港湾仔著名的英京酒家，由宋庆龄主持了规模盛大的"一碗饭运动"开幕典礼。"一碗饭运动"委员会的大部分成员以及香港各界中外人士 150 多人出席了开幕式。宋庆龄首先向在座的各位介绍了开展"一碗饭运动"的意义。她指出："一碗饭运动不但是募了捐去救济被难的人们，并且是要节饮节食，来表示牺牲的意思，这是我们做人的美德，无论中外，无论古今，都是值得赞扬的。"并强调说："一碗饭运动是同情于我们抗战建国，而发扬民主精神的表示。"而且"更含有一种深长的意义，因为这次捐款是要帮助工业合作社去组织及救济难民、伤兵，这是巩固生产阵线，是生产救国，是帮助人们去帮助自己，是最妥当的一种救济事业"，因此"是值得提倡的"。在大厅主席台上，陈列着一些宋庆龄捐赠的孙中山生前珍贵的墨宝及其他文物和纪念品，并当场义卖，作为向"一碗饭运动"的捐款。不多时这些珍品便被争购一空。成立大会后，"一碗饭运动"委员会通过新闻、文艺界进步人士，展开了广泛的宣传和动员活动。在社会各界的大力宣传、鼓动下，香港餐饮界对"一碗饭运动"的反响非常热烈。以丽山餐室首先宣布捐赠炒饭后，上环水坑口的乐仙酒家立即表示捐助3000碗。接着，英京、龙泉、广州、汉商、天燕、小只园等酒家、餐室、茶居等也踊跃捐饭。截止8月1日，捐助数已达14700碗。与此同时，香港工、商、妇、学等社会团体也纷纷响应"保盟"的号召，协助"一碗饭运动"委员会推销饭券。

1941年8月1日，计划进行3天的香港"一碗饭运动"于正式拉开帷幕。清晨，克拉克夫人等"保盟"工作人员就分赴各酒家、茶室，巡回各店的准备情况，对他们的精心布置、有序准备表示满意与感谢。英京、乐仙等13家酒家、餐室都将自己的厅堂门面布置得新颖别致。有的在门上挂出"欢迎来吃救国饭"、"爱国之门"、"光荣之门"的横幅，有的在店堂内张贴爱国宣传画，还有的展出了抗日战士英勇杀敌，工合社员努力生产的图片等。准备工作井然有序。地处湾仔的英京酒家在二楼专设一厅为接待"一碗饭运动"顾客，并免茶资费。乐仙酒家更是别出心裁，对捐款达100元以上者，则用该店珍藏多年的大红古碗盛饭款待。公共汽车、电车上，也张贴着标语和宣传画，有写着"为祖国无家可归的难民请命"、"大家来

< 宋庆龄在一碗饭运动开幕式上讲话

吃爱国饭"、"全部收入拨交中国工业合作社扩大救济工作"等口号。特别是当天上午，一只特制的大碗模型出现在街头时，把活动引向了高潮。一大群人簇拥着这只"大碗"喊着"多买一碗饭，多救济一个难民"的口号，穿过中环、西环、湾仔等闹市区，给本来就已是家喻户晓的"一碗饭运动"增添了气势。

这一天，香港民众纷纷上街购买饭券，大家都以能够为资助抗战、救济祖国同胞为荣。他们美称炒饭为"爱国饭"、"救国饭"，是为救亡尽力，故而个个脸上呈现自豪的神色。一个小摊贩对记者说："平时各项开支省了再省，即使是一根火柴钱也都要掂掂分量，唯独买一碗饭运动餐券不能小气。我买了5碗，妻子儿女都吃了，虽然用去了好不容易赚到的10元钱，心里却十二万分的高兴，因为我们一家算是尽了中国人应尽的一份责任，良心上感到安适。"

各餐室的老板、店员都视参加"一碗饭运动"为一生中最有意义的事，如办喜筵那样着意配料加工，以空前优质的服务接待食客。有个衣衫褴褛的乞丐，瞻前顾后上了英京酒家二楼"一碗饭运动"专厅，拣角落里座位坐下。他一生中可能从未进过如此豪华的酒楼，显得很不自在，正心神不宁时，漂亮的女招待端着热气腾腾的炒饭，送到他面前，微笑着说："请用饭。"现场采访的记者目睹了这一不同寻常的场面，问酒家经理高福中："讨饭的也来贵店吃炒饭，你们不讨厌？"高经理正气而言道："爱国不分贫富，凡是来吃爱国饭的，我们一视同仁都是热诚欢迎接待。"

8月2日、3日，正值周末和星期天，市民把参加"一碗饭运动"作为最光荣、又留永恒纪念的活动，或携幼扶老举家共食，或和朋友同去餐室。家境贫寒的，买一碗回去，一家老小围坐，你一筷，我一匙分享；病老不能出门的，托人捎带。香港地无分南北，人无分中外，个个都知"一碗饭运动"，他们阶层不同，然同情伤难，支持工合，夺取抗战胜利的热情一致！在当天的《华商报》上，头条刊登宋庆龄的题词："日寇所之，骨肉分离，凡我同胞，其速互助。"

原定进行 3 天的"一碗饭运动"很快就过去了，可仍有许多人为没能吃上"一碗饭"而遗憾。各界人士也纷纷呼吁，希望能延长时间，以便能让更多的人吃到一碗"爱国饭"、"救国饭"，以表达他们的一片爱国救难之情。在这种情况下，结果多数餐室延长了日期，其中龙泉茶室延至 8 月 10 日，天燕餐室延长至 15 日，而乐仙、小只园两家一直持续到了 8 月 30 日。售出的餐券，远远超过了原定的 2 万张的指标，"一碗饭运动"取得了圆满的成功。

9 月 1 日，"一碗饭运动"胜利落幕，在英京酒家举行了结束典礼，宋庆龄到会主持。会上公布了"一碗饭运动"收入：扣除各项开支，净余港币 25000 元，法币 615 元。"一碗饭运动"取得了圆满成功，有力地支援了中国的抗战。它的成功，一方面离不开宋庆龄的大力支持；另一方面，更离不开香港同胞的爱国救亡热诚。

广东人民抗日游击队港九大队（简称港九大队）由中国共产党属下广东人民抗日游击队的一个游击队，于 1940 年 9 月建立，加强在东江及珠江三角洲一带的反日势力。分队由新界居民子弟组成的游击队，成员包括农民、学生和海员，主要于新界西贡活动。港九大队由中国共产党党员曾生领导，在 1941 年日军进攻香港时，游击队从 200 人扩展到超过 6000 位

＜东江纵队港九大队 1945 年在香港边界附近行军

成员。在英军撤退后，游击队员获取被英军摒弃的武器，并在新界及九龙建立基地，在西贡墟建立地下联络系统。而第三个和第五个分支在蔡国梁之下，被派遣到香港和九龙，由队长黄冠芳和副队长刘黑仔带领，统领香港及九龙的抗日武装斗争，并让中国获取日本对华南、台湾地区和东南亚的机密战略。大队属下有短枪队和几个区中队，游击队员竭力攻击强盗和日军，保障农作物及人命安全。

1942 年 4 月，游击队员加强了对大屿山的控制，强化与澳门和广州的通信。1943 年 12 月 2 日，"广东人民抗日游击队"改编为"广东人民抗日游击队东江纵队"，简称为"东江纵队"，而港九大队仍是它下辖的一个分队。

另一方面，在使用游击战的常规战术下，港九大队杀死了一些汉奸和其同党，在九龙和广州保护贸易商人，攻击大埔的警察局，并轰炸启德机场。另外，游击队员亦协助营救战俘，包括著名的赖廉士爵士、祈德尊爵士、王国栋教授和 David Bosanquet。游击队员对盟军最重大的贡献，是抢救了20 名飞机被日军击落而跳伞到九龙的美国飞行员。

1945 年 8 月 15 日，英国宣布将接收香港及恢复香港的管治。国民政府曾表示强烈反对，但经过多次交涉及美国的协调后，中方最后同意英方代表可在中英两国政府授权委托下，在香港接受日军的投降。8 月 30 日，英国海军少将夏悫抵港，正式代表英国收复香港，当日遂定为重光纪念日，至 1997 年香港主权移交以前，每年重光纪念日都成为了香港的公众假期。另一方面，1945 年 9 月 15 日，中国、英国及日本代表于香港港督府联合签署香港的受降文件，正式代表了日本在香港的投降。英国重新接管香港后，暂时以军政府形式管治，使公共设施尽快恢复正常，并致力维持公共秩序。1946 年 5 月 1 日，曾被囚于沈阳集中营的前港督杨慕琦复职，英国对香港的殖民统治恢复正常。

三、战后香港的发展

战时，不少华籍居民返回内地。日本投降后，他们纷纷回港，每月达十万人之多。香港人口在 1947 年年底激增至 180 万人左右。1949 至 1950 年春，有数十万人移居香港，他们主要来自广东省、上海和其他商业重镇。1950 年年中，全港人口估计已增至 220 万人；此后更不断增加，1970 年有 400 万人，1980 年有 500 万人，1990 年更直迫 600 万人。

朝鲜战争期间，联合国对中国实施禁运，香港经济一度停滞不前。其后，由于人口激增，香港不能单靠港口来维持繁荣，于是开始发展工业。随纺织厂相继设立，香港的制造业开始兴起。纺织厂逐渐增加其产品种类，至 1960 年代，已扩展至生产人造纤维和成衣，所输出的纺织品和成衣，占本地产品出口总值约一半。电子制品、化学产品和珠宝首饰也是本港的主要出口产品。

经历多年，制造业的生产重点逐渐由当年简单而劳工密集的产品，转移至精密先进的高增值产品。企业家看准珠江三角洲丰富的土地和人力资

<1950 年代的香港街景

我爱香港

源，把生产基地跨越边界向北扩展，营运总部则仍然留在香港。这种经营模式有助推动区内经济发展，让香港蜕变成一个服务中心。

1966 年，内地发生"文化大革命"，香港局势日趋紧张。1967 年更发生连串社会骚乱，使香港居民的生活全面受到影响，经济也暂时陷于瘫痪。幸而骚乱事件在该年年底受到控制，香港得以继续平稳发展。

香港继续发展转口港业务，与内地的贸易增长尤为迅速。此外，香港的旅游业日益蓬勃，交通也大为改善。在地理环境上，香港是内地的天然门户，每年从香港程或过境进入内地的旅客愈来愈多。

为配合各项发展，香港致力改善和增建基础设施。四通八达的道路和铁路，以及一流的港口和机场设施，使香港成为现代化都会。新建的公路，令往来偏远地区的交通大为改善，铁路网络也陆续伸展。位于赤角的国际机场更已于 1998 年落成用。

在知识型和全球化经济下，香港在教育方面投放大量资源，提供免费的小学和初中学额，不足 15 岁的儿童均须入学。为确保学生不会因经济状况欠佳而失学，因此高中和专上教育也由政府提供巨额资助，以加强香港的竞争力。

1950 年代的香港民生 >

香港大学

　　香港大学是香港第一所也是历史最悠久的大学，由 1887 年成立的香港西医书院及香港官立技术专科学校合并而成，于 1911 年在香港岛正式创立，孙中山为香港西医书院的前身首届毕业生。

　　香港大学一向推崇高素质教学，学生都是以小组的形式学习，采用英语教学，特别鼓励学生参加对外交流，让其接触外国及外面文化港大毕业生就业率升学率及薪酬水平均为全港高校之冠。现有建筑学院、文学院、经济及工商管理学院、牙医学院、教育学院、工程学院、法学院、医学院、理学院、社会科学学院 10 个学院，及其他教学单位包括研究生院、专业进修学院、数码港学院及其他不属任何学院的教研单位，如亚洲研究中心、佛学研究中心等教研机构。优势特色专业主要有建筑、法律、生物工程及医学院、商学院、工程学系、社会科学院等专业。

　　香港大学是香港及亚洲区中最享盛名的学府之一，它在教学和科研方面都享有国际声誉。在 2008 年 10 月 8 日公布的最新《〈泰晤士报〉高等教育——2008 全球顶尖大学排行榜》中，香港大学排名第 26 名。

< 香港大学校园

我爱香港

香港的公营和私营医护机构共同为市民提供全面而高水平的医护服务。因此，香港的主要健康指标，例如出生时预期寿命和婴儿夭折率，均达到世界最佳水平。香港的医护制度不断演变，以配合市民需求和社会情况的转变。

当局制定完备的劳工法例，为受雇者提供福利、保障和雇员补偿，并照顾他们的职业安全与健康；此外，又提供免费就业服务，帮助求职者寻找工作，也协助雇主招聘员工。雇员再培训局为失业和行将失业人士提供优质的再培训课程和服务，按照雇主和香港经济的需要，提高他们的工作技能，增加他们受聘的机会。

第四节　1997年后的香港

百年风雨情，十余载回归路。1997年7月1日零时，经历了百年沧桑的香港回到祖国的怀抱，中国政府开始对香港恢复行使主权，香港的发展从此进入一个崭新的时代。

在香港回归中国五周年之际，曾经直接参与中英香港问题谈判的英国前副首相杰弗里·豪在接见新华社记者采访时指出，"一国两制"方针是史无前例的惊人之举，在解决香港问题过程中发挥了关键作用。在过去的五年里，香港原有的生活方式并没有改变，人们尊重法制和司法独立，香港特区政府也重视民主。

一、一国两制的提出

"一国两制"是"一个国家，两种制度"的简称。中国共产党为解决祖国内地和台湾地区和平统一的问题以及在香港、澳门恢复行使中国主权的问题而提出的基本国策。即在中华人民共和国内，内地坚持社会主义制度作为整个国家的主体，同时允许台湾、香港、澳门保留资本主义制度。

"一国两制"政策以"一个中国"为原则，并强调"中华人民共和国是代表中国的唯一合法政府"。目前中华人民共和国统治的地区之中，中国内地实行中国特色社会主义及民主集中制，但是在香港、澳门皆不实行社会主义，主权移交后保持其原有的资本主义，并可以享有除国防和外交外，其他事务高度自治及参与国际事务的权利，这称为"港人治港，高度自治"及"澳人治澳，高度自治"。例如香港对外事务方面，香港可以以"中国香港"（Hong Kong，China）名义参与国际事务与体育盛事，如加入世界贸易组织、亚太经济合作组织等等，成为成员之一。"一国两制"除了在香港和澳门主权移交中国后实施，也是目前中华人民共和国政府在台湾问题上的主要方针。历史将证明，按"一国两制"实现国家统一的构想和实践，是中华民族政治智慧的伟大创造，具有强大生命力。

二、香港回归

1980 年代初，在邓小平提出的"一国两制"方针指导下，中国政府就解决香港问题开始与英国政府展开谈判。自 1982 年 10 月始，中英两国政府就香港问题举行了 22 轮正式谈判，最终于 1984 年 9 月 18 日达成协议。

12月19日中国总理与英国首相在北京签署了《中华人民共和国政府和大不列颠及北爱尔兰联合王国政府关于香港问题的联合声明》（简称中英联合声明）。1985年5月27日，两国政府在北京互换批准书，中英联合声明正式生效，香港进入了中国恢复行使主权前历时12年的过渡期。

1996年12月11日，香港特区第一届推选委员会选举董建华为香港特区第一届行政长官人选。获中央政府委任后，董建华于1997年1月24日任命特区第一届行政会议成员。2月20日，中央政府根据董建华的提名，任命特区第一届政府23名主要官员。

1997年7月1日零点，中英两国政府香港政权交接仪式在香港会议展览中心新翼举行，中华人民共和国国旗和香港特别行政区区旗在香港升起，

∧ 1997年7月1日，香港特别行政区成立，中央政府为庆贺香港特别行政区成立，把一座金紫荆铜像——《永远盛开的紫荆花》赠送香港。金紫荆铜像被安放在香港会议展览中心新翼前，面对大海，这个广场也被命名为金紫荆广场。

中华人民共和国香港特别行政区随即成立，中国人民解放军驻港部队同时抵达香港各营区执行有效防务，标志着中国政府正式恢复对香港行使主权。

知识小百科

香港特别行政区的区旗和区徽

中华人民共和国香港特别行政区区旗是五星花蕊的动态紫荆花红旗。红色底色，旗中有一朵白色洋紫荆花。洋紫荆花是香港区花，代表香港。红色底色与中华人民共和国国旗的底色一样，代表祖国，象征香港特别行政区为中华人民共和国的一部分。花中的五星与中华人民共和国国旗上的五星相对应。区旗用红白两色作主色象征香港实践一国两制，故洋紫荆图案被改成白色。

香港特别行政区区徽是代表香港的徽章。香港特别行政区区徽模仿香港特别行政区区旗的设计，内圆有一朵白色洋紫荆花，红色底色。外圈则为白底红字，写有繁体中文"中华人民共和国香港特别行政区"及英文 HONG KONG。洋紫荆花是香港市花，代表香港。洋紫荆图案的花蕊以五颗星表示，与中华人民共和国国旗、国徽上的五星相对应，寓意中华人民共和国与香港特别行政区密不可分的关系，象征香港特别行政区为中华人民共和国的一部分。红白两色，象征香港实践一国两制。整个区徽意思是指香港在祖国的环抱下，更加开花结果，繁荣昌盛。

< 香港特别行政区区徽

我爱香港

三、"一国两制"的实施

"一国两制"是国家解决统一问题的战略方针，也是统一后维系国家统一、处理中央与特区关系的根本指导原则。"一国两制"是否可行，不仅要看回归前，更要看回归后能否据此妥善处理"两制"之间产生的各种矛盾和问题。如果说1997年以前"一国两制"主要是作为政策加以实施的话，1997年以后"一国两制"主要是通过其法律载体——基本法加以实施。香港回归以来的十多年，"一国两制"和基本法的实施是非常成功的，主要表现在以下及个方面：

1. 宪法和基本法赋予中央的职责得到了切实履行

香港回归后，中央根据"一国两制"的方针和基本法，履行起了宪法和法律赋予的神圣职责。根据基本法的规定，中央负责香港的防务、外交、立法的备案审查、基本法的解释等事务。回归后，在涉及香港的外交和国防方面，中央做了大量工作。回归前港人普遍对驻军有很大的疑虑，回归十年的实践证明，中国人民解放军香港驻军确实是一支"文明之师"、"威武之师"，得到香港居民的广泛称赞。外交部在全世界范围内为港人提供服务，及时处理了多起涉及港人的事件，为香港居民提供了充分保护，得到了特区居民的高度肯定。

从香港发展的长远利益和根本利益出发，全国人大常委会三次解释香港基本法的有关条款（1999年、2004年、2005年），两次作出有关决定（2004年、2006年），有力地维护了香港的繁荣稳定，解决了特区发展中遇到的重要问题。此外，在1998年亚洲金融危机和2003年非典肆虐的时候，中央政府都给予特区巨大支持。例如两地建立更紧密经贸关系安排（CEPA），开放"个人游"，支持大型国企到港上市等，都极大促进了香港经济的复苏，使香港渡过了难关。

实践证明，"一国两制"成功实施，有赖于特区政府和全体市民的努力，也有赖于中央切实履行自己的宪制权力和职责。中央对维护国家的主权和安全负有宪制上的责任，对特区的繁荣稳定也负有重大责任。国家"十一五"规划强调支持香港继续发挥国际金融、贸易和航运中心地位的作用，这是中央贯彻"一国两制"的又一重大举措。

2. 两种社会制度保持了不变

香港回归后，根据"一国两制"和基本法，"港人治港、高度自治"得到全面落实，原有资本主义制度保持不变，生活方式不变。香港没有"内地化"，香港的资本主义依然繁荣昌盛，香港的"那一制"没有被社会主义同化。与此同时，中国内地的"这一制"即社会主义也没有被香港同化，社会主义事业在内地依然蒸蒸日上地发展。

<2012年10月10日，香港特区第五届立法会举行第一次会议，70位新当选的立法会议员，依照次序宣读誓词

3. 香港实现了持续繁荣稳定

"一国两制"和基本法并非仅仅是静态地维持两种制度不变，而是要在不变的基础上，继续往前发展。1997年前后，一些人士曾经怀疑"一国两制"和基本法是否可行，担心1997年香港回归可能会导致大倒退甚至"灾难"。实践证明，这些担心是多余的，今天的香港仍然是亚太区主要的国

繁荣的香港 >

际金融、贸易、航运、旅游和信息中心，是全球最繁忙的集装箱港之一，也是世界主要的黄金交易中心。2006年香港新股集资额超越纽约及东京，全球排名第二，仅次于伦敦。香港失业率降到八年半来最低，恒生指数超过两万点，创历史最高。

4. 在法治和人权保障方面取得骄人成绩

香港本来就有很好的法治传统，十多年来在维护法治方面香港取得了骄人的成绩。基本法实施的经验证明，它是完全符合香港实际，切实可行的，基本法规定的各种制度和体制都得到了很好的落实，基本法作为宪制性法律的地位正在确立。此外，香港立法机关制定了大量本地法律，进一步完善了本地的法制。

回归后，港人继续享有广泛的自由和人权，香港的人权保障比回归前更加完备；有关人权保护的国际公约适用于香港的有关规定继续在香港生效，通过香港特区的法律予以实施。

5. 港人对国家的认同程度有极大提升

作为实现并维系国家统一的新方式，实施"一国两制"和基本法的首要目标是实现"一国"。中央和特区政府在这方面进行了不懈的努力，港人的"一国"意识有很大提升，对国家的认同得到加强。

判断港人国家认同转变的一个重要指标是港人持有护照的变化。2007年4月，在700万居民中持有特区护照的人数已经超过400万，持有英国BNO护照的为150万人。另外，当年移民外国的港人现在越来越多返回香港，"凤还巢"现象方兴未艾。香港中文大学最新调查结果显示，大部分港人都自觉爱国爱港。以10分为满分计，受访者自觉爱国的平均分近6.5分，爱港的平均分近7.6分。当然，尽管在实现"一国"方面已经取得了巨大成就，但实现人心回归仍然还有很多工作要做。

总之，"一国两制"是我们的制度优势，是中国对人类当代政治文明的一大贡献。我们要用全面的、发展的眼光看待"一国两制"，既要看到"两制"，也要看到"一国"，把"一国"和"两制"有机结合起来。我们应该深入挖掘"一国两制"和基本法带来的各种好处、便利和机遇，让两种制度相互学习，把两种制度的优势结合起来，实现"两制"的双赢，进而创造出更高级的制度文明，为香港和祖国的繁荣稳定、为人类的进步事业做出更大的贡献。

四、香港国际金融中心地位更加稳固

香港回归以来，中央政府非常重视加强和提升香港国际金融中心地位，同时也充分利用香港国际金融中心地位来促进内地金融业的改革与发展。近年来，中央政府为支持香港经济社会发展，在投资、贸易和金融方面采取了一系列惠及香港的有效措施，包括建立两地更紧密经贸关系的安排（CEPA），支持香港银行开展人民币业务，鼓励大中型国有企业赴港上市，支持内地证券期货经营机构到香港设立分支机构等。

以1998年的亚洲金融危机为例。8月28日，恒指期货合约结算日，是港股缔造传奇的一天。在中央政府强大支持下，特区政府投入巨额资金，与国际炒家开展将近一年的"金融保卫战"，终在收盘钟声响起那一刻，

> 中国银行香港分行大厦是香
港的标志性建筑之一

宣告获胜。到9月初，投机资本在特区政府的乘胜追击下，败退离场。这惊心动魄的一役过后，香港经济挺过困境，稳步走向繁荣。

　　香港是一个自由港，除了烟、烈酒和动力用的燃油（汽油、柴油等）之外，香港不对其他进口物品征收关税。香港的经济素以自由贸易、低税率和少政府干预见称。香港连续多年获国际著名评级机构和组织评选为全球最自由的经济体系。香港是亚太区乃至国际的金融中心、国际航运中心、地区贸易中心，拥有邻近很多国家和地区是不可替代的优越地位。

知识小百科

自由港

　　自由港（又称自由贸易区、自由口岸）是一种以经营贸易为主的经济特区，可自由进行货物起卸、搬运、转口和加工、长期储存的港口区域。自由港内的国外货物，可免征关税和不需经海关人员检查。自由港主要从事转口贸易，有一些还会进行加工、旅游和服务等业务。

最早的自由港出现于欧洲，13世纪法国已开辟马赛港为自由贸易区。1547年，意大利正式将热那亚湾的里南那港定名为世界上第一个自由港。其后，为了扩大对外的国际贸易，一些欧洲国家便陆续将一些港口城市开辟自由港。至今，因应全球的贸易活动与经济发展，自由港的数量已上升至130多个。

香港是国际的金融中心之一，金融机构和市场紧密联系。政府的政策是维持和发展完善的法律架构、监管制度、基础设施及行政体制，为参与市场的人士提供公平的竞争环境，维持金融及货币体系稳定，使香港能有效地与其他主要金融中心竞争。香港地理位置优越，是连接北美洲与欧洲时差的桥梁，与内地和其他东南亚经济体系联系紧密，又与世界各地建立了良好的通讯网络，因此能够成为重要的国际金融中心。此外，资金可以自由流入和流出香港，也是一项重要的因素。香港是全球第十一大贸易经济体系、第六大外汇市场及第十五大银行中心。香港股票市场规模之大，在亚洲排名第二。香港也是成衣、钟表、玩具、游戏、电子和某些轻工业产品的主要出口地，出口总值位列全球高位。香港经济以服务业为主，与中国内地及亚太其他地区关系密切；是亚洲最多国际公司设立地区办事处的城市，香港也是受旅客欢迎的旅游地点之一，也是举办国际会议及展览的热门地方。在2005年，香港是全球第十一大服务出口地。与服务贸易有关的主要行业包括旅游和旅游业、与贸易相关的服务、运输服务、金融和银行服务及专业服务。

16年之中，香港经历了风雨，走过了艰难。但是至今，尖沙咀的灯火依然辉煌，太平山顶的夜景依然璀璨，金钟道上的人流依然行色匆匆而又从容不迫，作为日益强大的国际金融中心的地位更加稳固，今日的香港背靠祖国、面向世界，依然充满了激情和活力。

我爱香港

第三章

洋洋大观的香港

海拔 554 米的太平山是香港最高的山峰，从这里可以俯瞰到香港市景。每当入夜后，沉沉暮色，悄悄消融了维多利亚港湾的波涛；山下高耸密集的建筑物，纷纷亮起光彩，与黝黑柔美的山脉和波光粼粼的海湾一起，构成绮丽迷人的画面。"小河弯弯向南流，流到香江去看一看"，远望新界，天朦胧，海朦胧，飘飘缈缈的灯光如诗如画。

∧ 香港浅水湾

第一节　宗教文化

　　香港宗教与风俗相当多元化。根据《香港基本法》第 32 和 141 条，以及香港法例 383 章《香港人权法案条例》，信仰及宗教自由是香港居民享有的基本权利之一，并受法律保障。源自世界各地的宗教均在香港和谐并存，其中有佛教、道教、儒教、基督新教、天主教、伊斯兰教、印度教、锡克教、犹太教和琐罗亚斯德教等。许多宗教团体除了弘扬教义外，也兴办学校、提供卫生福利设施等。

　　佛教和道教是中国的传统宗教，在香港有超过 600 所寺庙，一如其他地区，以同时信仰佛教、道教及中华民间信仰者最多，占香港人口八成以上。佛教的主要节日是农历四月初八日的佛诞，同时亦为香港公众假期之一。道教的主要节日是农历二月十五日的道祖诞，同日香港每年都会举办香港道教节。

　　由于香港早期是一个渔业港，故香港很多受人崇拜的神祇都与海洋有关，例如著名海神天后，便是水上人的守护神，估计信徒多达 25 万。香港至少有天后庙 24 间，其中以佛堂门大庙历史最悠久和最有名。许多天后庙原来靠近海滨，后因填海关系，现变成位处内陆地区。其他受供奉的神明主要有观世音菩萨、关帝、北帝（玄天上帝）和司天气的南海神洪圣大王、惠州海神谭德真人等。

　　孔教教义（儒家思想）是以孔子的教诲为基础。孔子是中国古代圣贤、思想家和教育家，宣扬以人际关系为本的道德标准，强调传统和礼制的重要。孔子的思想对中国历代的政治、经济和社会制度影响深远，更被后世尊称为万世师表。孔教的主要节日是农历八月廿七日或新历九月廿八日的孔圣诞，香港的孔教徒都会参与教育工作，兴办多所学校，以弘扬孔子的思想。

知识小百科

香港孔教学院

孔教学院名为学院，其实是正式注册的宗教组织，为香港六大宗教之一（孔教也是联合国确认的13个传统宗教之一），与香港其他的宗教组织一样，在立法院拥有7个席位。香港孔教学院由康有为的弟子陈焕章1930年创立，以传播推广孔子儒家文化为使命。一百多年来，香港的文化教育是英式殖民主义的。广大华人"为维护、继承和发扬中华民族的优秀传统文化"，"弘扬中华传统文化和儒学孔道"而建立了香港孔教学院，在七十年里，以弘扬圣道、匡正人心、兴学办校、培育青年为职志，以立己立人、树木树人之旨，凤夜孜孜，未尝稍懈。1990年代以来，在国内重新展开弘扬孔道的工作。到目前为止，已在河南省开封市碑林捐建孔子亭，在广东省三水市捐建孔子庙，在湖南省岳阳市及四川省德阳市捐建孔子公园，在洞庭湖君山倡建孔圣山并树立孔圣铜像，在西藏自治区捐建孔子地方病医院，并铸造多尊孔圣铜像赠予德阳市、岳阳市、长沙市、山东、上海、哈尔滨、吉林及三水市等。

基督新教于1841年传入香港，现有教会1450多间，大小宗派逾50个。主要宗派有圣公会、信义宗、基督复临安息日会、浸信会、宣道会、中华基督教会、循道卫理联合教会、五旬节宗教会、救世军、神召会等。基督新教每星期出版两份主要报章：《基督教周报》和《时代论坛》。香港信仰基督教的人口大约67万。

基督新教积极参与教育、医疗护理和社会福利工作，尤以圣公会、浸信会等主流教会为甚。基督新教主办两所大专院校（即香港中文大学崇基学院和香港浸会大学）、近 400 所中小学；基督新教也开办 7 间医院、18 间诊疗所和 59 个提供多种社会服务的社会服务机构。香港基督新教也有支持中国内地和发展中国家的紧急救援工作和发展计划。

天主教香港教区有其本身的行政架构，但亦与教宗和世界各地的天主教团体保持密切联系。香港教区与世界各地其他天主教区一样，均采用同样的《圣经》、教义、礼拜仪式和架构组织。亚洲主教团协会助理秘书长的办事处亦设于香港。

香港天主教会除传教外，也关注市民的生活。教育方面，主办天主教学校共 309 间和幼稚园 16 间；办学工作由香港天主教教育委员会协助推行。天主教会开办的医疗及社会服务机构，包括 6 间医院、14 间诊疗所、38 间社会服务中心、18 间宿舍、13 间安老院、209 间康复中心以及多个自助会社和协会。明爱社会服务中心为香港教区属下的社会福利服务机构，服务于市民基层。

第二节　宗教文化景点

一、黄大仙祠

黄大仙祠，全称赤松黄大仙祠或啬色园黄大仙祠，是香港的一座著名庙宇，位于九龙东黄大仙，占地约 18000 平方米，由非牟利慈善团体啬色

< 黄大仙祠

园管理。庙宇主要供奉东晋时南中国道教著名神祇黄初平，另亦有供奉儒、释两教的神祇如孔子、观音等，故三教融合为香港黄大仙祠一大特色。该建筑被列作香港一级历史建筑，同时是香港第一家获港英政府批准举办道教仪式婚礼及签发结婚证书的道教庙宇。

1915年，广东西樵普庆坛梁仁庵道长及梁钧转道长把黄大仙师画像带来香港，先后在乍畏街及大笪地开坛阐教，后来再于湾仔大道东设坛安奉黄大仙师及开设药店，两年后该处被火烧毁，又把坛迁移往湾仔海傍东。其后于1921年黄大仙师降乩启示，命当时的道侣往九龙城一带相地建殿，道侣到竹园村附近一山，见灵秀独钟，便再扶乩请示仙师，得乩示"此乃凤翼吉地"，适合开坛阐教，遂决定于现址建祠，并于同年7月落成启用。

1921年8月，啬色园正式成立，负责管理祠庙。黄大仙祠建成之初，原为私人道场，只供道侣及家属入内参拜。后来参拜善信渐多，及至1934年，园方碍于当时的庙宇条例及租地批约所限，不能再让民众入内，后经当时华人庙宇委员会委员周峻年向华民政务司请准，才特许于每年正月初一开放让善信入内参拜。至1956年8月21日，黄大仙祠才正式获政府批准全面开放予善信参拜。

黄大仙祠除主殿外，还有三圣堂、从心苑、九龙壁等，各具建筑特色，祠内的牌坊亦充分表现中国传统文化。除个别建筑物显现中国传统寺庙建筑特色外，祠内建筑又按左龙右凤、五行属性而兴建，令整座建筑群组更见特色。黄大仙祠于 2010 年 5 月被确定为香港一级历史建筑。主殿红柱金顶、蓝楣黄格的外观，可视为中国传统寺庙建筑的典型。主祭坛中央供奉黄大仙师之画像，殿内亦供奉了护法齐天大圣及地主。主祭坛背后刻有一幅木雕，载述了黄大仙师得道成仙之事迹。殿内墙壁更装上儒、释、道三教的木刻经文和图画，饶富意义。位于大殿旁的三圣堂，供奉吕祖先师、观音菩萨及关帝圣君。吕祖（即吕洞宾）是道教的神仙，观音是佛教的菩萨，加上麟阁供奉儒家先师孔子，集三教神祇，故说三教融合为香港黄大仙祠一大特色。另外孟香亭供奉之燃灯圣佛，同样为佛教的神祇。三圣堂内有楹联以"啬色"二字为联首："啬节有余三教同源承一脉，色空虽幻众生乐善自千秋"。祠内九龙壁于 1981 年按照中国北京北海公园的九龙壁实物仿制，石刻九龙，戏珠于波涛云雾之中，盘踞于花苑之上，栩栩如生。石壁背后刻有由已故中国佛教协会主席赵朴初先生献写的"九龙壁"三字及题诗一首。左龙右凤，与九龙壁相遥呼应的凤鸣楼位于整个建筑群组最右方，楼高两层，为园方的行政会议室及活动礼堂，以中国宫殿式设计，屋顶盖绿琉璃瓦，别具特色。

从心苑则是于 1991 年园方为庆祝 70 周年纪庆而建，取名自孔子曰"七十而从心所欲"。苑内的长廊参照北京颐和园长廊兴建；另有小桥、水榭、瀑布流水、人工湖两个及各式各样的小亭如方亭、圆亭、八角亭、扇亭等，别有特色。代表五行属性的建筑群组则分别为飞鸾台"金"形，经堂"木"形，玉液池"水"形，孟香亭"火"形，照壁"土"形，据说是道侣得仙师乩示建筑须配合五形，庙宇方可永垂久远。

二、志莲净苑

志莲净苑是香港一个佛教非牟利慈善团体，属下设有安老院、佛教志莲小学、佛教志莲中学、志莲净苑文化部、志莲净苑夜书院、志莲净

苑图书馆。此外，志莲净苑亦定期举行法会。志莲净苑的院址位于香港九龙钻石山志莲道五号，该院寺堂以仿唐代木结构建筑为特色，与周边的斧山公园及南莲园池结合为大型的仿唐建筑群，是香港的特色建筑及景点之一。

志莲净苑亦是香港唯一的"女众十方丛林"，为从各地而来的各方女高僧提供修道场所。1934 年由苇庵法师和觉一法师，在蓝昌源等居士协助下，成立一所佛教女众十方丛林，作为供僧侣清修的场地。由于大量难民随着国共内战影响而涌入香港，不少聚居于黄大仙及钻石山一带的木屋区，社会福利服务的需求甚大，志莲净苑于 1948 年开办义学为贫穷儿童提供教育机会。1957 年开办非牟利的孤儿院及安老院，收容贫苦无依。1988 年 5 月，港英政府因兴建大老山隧道而清拆志莲净苑及周边的木屋区，政府的市区重整计划及热心人士的支持（特别是艺术界的积极参与），造就了志莲净苑的重建计划，首先重建护理安老院、志莲中心，随着是佛寺、学校、莲苑等。志莲净苑的重建工程于 1989 年展开，全部重建工程于 2000 年 5 月 18 日完竣，并正式落成启用。

三、宝莲禅寺

或称宝莲寺，为香港一座佛教寺庙，亦为香港旅游景点之一，位于新界大屿山昂坪，介乎弥勒山与凤凰山之间。寺庙前身为大茅棚，由中国江苏镇江金山寺的顿修、大悦和悦明三位禅师建于1906年（即清光绪三十二年）。直到1924年，第一代住持纪修和尚正式命名为宝莲禅寺。

1950年代在宝莲寺当职、维那及西堂的圣一和尚，外出弘扬佛法时，路过地塘仔及昂平路，常看到有僧人刻苦堆沙砌石，圣一遂查问，对方表示要起道场，圣一深受感动，即找来资金襄助兴建道场。原来，该名与圣一对话的僧人便是悟明法师，他于1955年在地塘仔开创道场，即宝林禅寺初建成的地宝殿。一年后，圣一和尚接替去世的悟明法师管理寺庙。1980年代初，寺内建成大雄宝殿，香火鼎盛，善信络绎不绝。

天坛大佛是全球最大的青铜坐佛，位于寺旁，巍峨坐于木鱼峰上，由宝莲禅寺于1970年筹建。佛像约重250公吨，高34米，坐于三层祭坛上，

宝莲禅寺牌楼 >

< 回归宝鼎

以青铜铸造，佛面淘金 4 斤余。寺内出入口处前建有一个"地坛"，正对着天坛大佛之下，以符合中国古代天南地北之说，具有回音壁之功能。

天坛大佛之下于 1997 年 7 月 1 日香港回归前摆放了"回归宝鼎"，是为了纪念香港主权移交予中华人民共和国而特别铸造。鼎身有香港区徽洋紫荆浮雕，上有云彩，下有海涛，寓意香港回归后如春回大地，欣欣向荣，故时任香港行政长官的董建华题写"香岛春暖"四个大字。

寺内建有多个具中国传统特色的建筑，如重檐歇山顶式建筑的大雄宝殿、地坛旁边的白色牌坊和木鱼峰山腰的法华塔。

四、佛堂门天后古庙

佛堂门天后古庙（俗称大庙）主奉天后，是香港最古老的天后庙，也是广东沿岸现存最古老的天后庙，始建于南宋咸淳二年（1266 年），现已被列为香港一级历史建筑，并由华人庙宇委员会负责管理。

古庙位于新界西贡区清水湾半岛以南的大庙湾地堂咀，邻近佛堂门及布袋澳。该庙属于三开间单进设计，大殿供奉天后娘娘，右偏殿则有一座

天后古庙 >

铜钟及龙床。由于庙宇三面环山，而且那些山区都是郊野公园范围，所以如要循陆路进入，必须在大庙坳一带的大坳门路经过一条不明显的行山径前往。然而该庙大部分信众都是清水湾布袋澳一带的村民，他们自己都会有船只前往，并可在庙宇对出的码头停泊，所以一直以来，该庙对外的陆路交通都一些未有进行完善的开发。

第三节 民俗文化

一、太平清醮

在香港，太平清醮是村民酬谢神恩、祈求国泰民安的盛大仪式，又以依赖渔业和农业为生的村民最为着重。不少乡村至今仍保留定期打醮的习

洋洋大观的香港

<香港长州太平清醮

俗，大部分清醮都称为太平清醮，少数则称为安龙清醮。太平清醮活动承传了不少中国民间风俗及文化，近代的太平清醮更吸引了不少外来人士参观，如：长洲太平清醮便成为长洲当地一年一度的大型活动，每次均带来大量摄影者、游客，人潮挤满地方不大的长洲，街道变得水泄不通，每次也为当地商店食肆带来一定经济收入，近年更有纪念品发售。香港的太平醮多以"太平清醮"命名，少数称"安龙清醮"，据说源自清朝政府取消迁界令，村民可以重返故乡后开始出现的宗教仪式。太平清醮举办的日期有农业社区和渔业社区的分别，农业社区如新界的锦田乡多在农历十月、十一月举行，而渔业社区如长洲，则在农历四月、五月举行。

知识小百科

飘色巡游

飘色巡游，又称会景巡游，或简称飘色，是中国一项民间表演，同时也是香港每年举行的长洲太平清醮中的一个重点表演项目。此外，每年的筲箕湾谭公诞、澳

飘色巡游 >

门路环谭公诞及部分天后诞活动均有飘色巡游活动。在这个表演项目中，由身高不高于42英寸（106.6厘米）和体重少于35磅（15.9公斤）的小孩被支架撑着，扮演中国历史人物、经典小说中的人物，以及新闻、政治名人等，在街上巡游演出。因为小孩要在支架上游行很久，飘色的小孩都是包着尿片的。

飘色巡游起源于1860年代太平天国起义失败后，清政府一度禁止粤剧，于是广东省广州沙湾的居民便以戏曲人物的造型巡游而不唱戏，当时又被称为赛色。其后这个活动传到佛山，于每年秋收之后举行庆祝。之后，活动再传到香港长洲，并入长洲太平清醮成为表演项目。

二、大坑舞火龙

大坑舞火龙是香港铜锣湾大坑的传统客家舞火龙习俗，最早于19世纪末出现，实际上由何时开始则无从稽考。2011年5月23日，大坑舞火龙被列入第三批中国国家级非物质文化遗产名录。

洋洋大观的香港

< 大坑舞火龙

　　舞火龙只在香港日治时期停办 3 年，第 17 任香港总督金文泰更曾就舞火龙向大坑居民颁发奖状。2007 年舞火龙作为香港特别行政区成立十周年纪念的庆祝项目之一，在湾仔修顿球场表演。

　　晚上 6 时左右，火龙在大坑莲花宫点睛开光，再于安庶庇街插香后起龙，先到浣纱街对嘉宾作致敬礼，多数会打龙饼（喜结龙团），之后会按传统游街（火龙会在大坑的街道上舞动），途径浣纱街、京街、新村街、铜锣湾道等，游街完毕会到浣纱街拔香和重新插香，后会在浣纱街表演至 10 点左右。整个仪式可分为"火龙过桥"、"火龙缠双柱"、"彩灯火龙结团圆"三部分。2010 年、2011 年，火龙更在中秋正日 10 时左右舞至邻近的维多利亚公园中秋彩灯会。

　　从前，节日完毕后，习惯把火龙抛下铜锣湾避风塘的海底，以示"龙归沧海"，但近年为免污染海水，于深夜用货车送到焚化炉去，变作"飞龙在天"。

　　火龙的制作讲究。龙身全长 67 米，分成 32 节，先以粗麻绳扎成龙骨，再用稻草（现改用珍珠草）扎成龙身。龙头由藤条屈曲为骨架；龙牙以锯齿的铁片造成；双眼是手电筒；舌头是漆红的木片。带引舞龙的珠球是个插满线香的沙田柚，一共两个。舞龙时，整条龙身都插上火红的长寿香，在夜间舞动，点点星火，十分可观。舞龙健儿不论是否大坑居民均可参与，但只限男性。

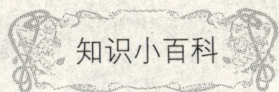

知识小百科

大坑舞火龙的传说

据说于 1880 年的中秋节前夕的一晚，台风吹袭大坑村，有一条大蟒蛇吞食村里的家畜，被村民合力打死于破屋内。翌日，台风过后，大蟒蛇尸体失踪，大坑村发生瘟疫，多名村民病亡。当时，有道士说此大蟒蛇原本是龙王之子，因此要降疫症惩罚该村，报复杀子之仇恨，而村中又有一位老翁，声称有神仙搭救报梦，指海龙王最怕是火龙，火克制水，所以在中秋节连续三晚，即是农历八月十四至十六，三日舞火龙，就可以解脱此场灾难，村民照办，并且沿袭至今。

三、大澳端午龙舟游涌

大澳端午龙舟游涌是指每年端午节于香港大屿山大澳的传统活动，使用龙舟进行祭祀仪式。这项活动于 2011 年被列为香港首批"国家级非物质文化遗产"之一。

这项活动起源于 19 世纪，当时大澳发生瘟疫，当地渔民于端午节将各庙宇神像放在小艇上于水道巡游，结果瘟疫消除，便成为了每年一次的习俗。现时这项活动由大澳三个传统渔业行会举办，包括扒艇行、鲜鱼行和合心堂。它们会于端午节前一天（农历五月初四）早上，前往杨侯古庙、

<大澳端午龙舟游涌

新村天后庙、关帝庙、洪圣庙借来神像供奉祭祀，然后于端午节当天（农历五月初五）早上将神像放在龙舟上，巡游大澳内的各水道，沿岸居民会焚香拜祭，最后将神像归还予各庙宇。

四、香港盂兰胜会

盂兰胜会中的"盂兰"由梵文"Ullambana"译来的，意为"救倒悬"，即救度亡魂倒悬之苦，是来自民间《目连救母》的故事；"胜会"是指一大群人举行活动的意思，在香港亦称为盂兰节、中元节或鬼节。相传阴司地府在七月初一大开鬼门关，直到七月三十日才再次关闭，七月十五日佛教定为"盂兰盆会"，而道教则称为"中元普度"。

香港盂兰胜会是始于中国潮州、海丰、陆丰、鹤佬籍等移居到香港的人士，他们在1940年代到1950年代从中国内地来到香港，聚居于铜锣湾、上环、西营盘、深水埗、尖沙咀等地，并将他们在家乡流行的盂兰节也一并带来，以联系同乡感情、纪念祖先和超度地方上的孤魂野鬼。这些活动

我爱香港

香港盂兰胜会 >

于 2011 年更以"香港潮人盂兰胜会"名义获列入第三批中国国家级非物质文化遗产名录。

香港各区的盂兰胜会一般只有四五十年的历史，最先在咕喱聚集的地区开始，创始者是铜锣湾的"公和堂"，后来香港各区都效法举行。咕喱主要是潮籍人士，在码头和货仓为泊岸货船上落货物，他们之间是亲属或同乡关系，由"咕喱头"带领和组织，成为了潮州移民劳工的社区。而同期移居香港的海陆丰人则以抬轿、拉车维生，其后则转往建筑地盘工作，亦因为乡里族群的凝聚，便逐渐形成海陆丰移民劳工社区。

现时在香港岛、九龙、新界各区几乎都有举办，团体至少有 60 多个，最多在观塘、九龙城、深水埗等旧区，上环的摩罗街、大坑摩顿台公园、西区公园海旁球场、水街、坚尼地城西宁街足球场等也有。在长沙湾保安道球场，农历七月前后有 4 个不同社团租用，举行盂兰胜会，而早期潮州人聚集的地区上环及西环的沿海一带，便总共有五个盂兰胜会，包括三角码头、渣甸桥东边街、正街、石塘咀和西环，以三角码头和东边街历史最悠久，其余几个各自因应区内发展而兴起。

洋洋大观的香港

第四节　民俗文化景点

一、九龙寨城

　　九龙寨城（或称九龙砦城，俗称九龙城寨），是香港殖民统治时代位于今九龙城区的一座围城，于1993年被拆卸。九龙寨城历史最早可追溯至中国的宋朝时代，原是防卫外敌的据点。香港后来成为英国殖民统治地区，1898年《展拓香港界址专条》却让九龙寨城仍然归满清派兵管辖，成为位处英国殖民统治地区的中国外飞地。城寨更是清朝官员办公的地方，地位约等于现代的领事馆。英国曾一度于1899年入侵城寨，却发现城内

<九龙寨城遗址

空寂无人，并放弃占领、管理寨城和驻兵。1890 年代至 1940 年代期间，这群清朝驻军仍然留于寨城内的衙门及其他建筑物。九龙寨城于是成为当时"感受旧中国"的旅游点。

二、宋王台

　　宋王台（或宋皇台）是香港的一个著名景点，原址位于香港的旧启德机场之客运大楼原来的位置上。现时被迁移到马头围的新修筑之宋王台道。在香港的旧启德机场之客运大楼原来的位置上，原来有一座高度 35 米的山峰，名叫"圣山"，它的周边约 606 米，三面环陆地，东临九龙湾。1287 年，中国宋朝皇帝宋端宗赵昰和赵昺被元朝军队相逼南逃避难，途经香港九龙半岛的一座山。他们曾到了山上一块估计约有 300 公吨的巨岩休息。最后赵昰病死在香港，而赵昺则在崖山海战输掉后自杀。后来附近的民众在那块可以容纳 50 多人的巨岩上，刻上"宋王台"三个汉字。

> 战后工人由余下的残石中，切割出现今的宋王台石碑

洋洋大观的香港

三、李郑屋古墓

　　李郑屋古墓是1955年政府在李郑屋村夷平山坡，兴建徙置大厦时发现的。从墓室的形制、墓砖铭纹及出土文物等推断，该墓应建于东汉时期，即公元25年至220年。1988年李郑屋汉墓被列为法定古迹，得以永久保存。为了稳定汉墓内部的湿度和温度，减缓墓室的损耗，墓室并不对外开放，但参观者可透过装嵌在羡道门口的玻璃墙窥探墓室内部。汉墓旁边是展览馆，除了展出从汉墓出土的陶器及青铜器外，还设有"李郑屋汉墓"和"华南汉文化"两个展览，利用文字、图片、照片、地图、录像和模型等辅助展品，介绍汉墓的地理环境、发现经过和墓室结构，观众更可从中了解汉代（公元前206至公元220年）华南的社会文化特色。

< 李郑屋古墓

四、曾大屋

　　曾大屋是曾氏家族的住宅，由曾贯万（又名曾三利）于 1848 年建造，历时二十年，至 1867 年才建成。曾氏建宅的起源有二：一是曾氏在西湾河经营石矿场，并在筲箕湾开设三利石厂，后来致富，便在沙田兴建围村供族人居住；二是曾贯万是五品官，相传有一班海盗劫渔船得咸鱼 16 瓮，登门求售，曾以每瓮 800 钱买下，后来他发觉咸鱼下面全是金银，而海盗又一去不回，遂用之兴建建宅。

　　曾大屋呈长方形，总面积达 6000 多平方呎，采用了曾氏的五华老家的建筑风格——堡垒式的格局，围墙采用了花岗石、青砖和精选的木材，而四角均筑有镬耳型的三层高碉堡，碉堡上有枪孔和瞭望台，用以对付盗贼的侵袭。本来曾大屋外面有一条护城河围绕整座堡垒，以吊桥衔接，但现已遭填塞，吊桥亦拆去。

　　村内的建筑主要分上、中、下三厅，厅与厅之间有天井分隔，这三个厅又称为三栋上下进与左右两横屋相连，形成棋盘状，围屋内有住屋 99 间，取其长长久久的好意头。围村入口有三个大门，中门最大，门顶圆拱形，

三层角楼碉堡 >

洋洋大观的香港

< "大夫第" 厅门

四周以麻石砌成，门顶石匾镌刻着"一贯世居"，门上有酸枝木和铁枝制成的门闩，并有一道铁门。正厅门前有"大夫第"木匾和"祥征万福"石匾。庭院内还有两口井。曾大屋的建筑充满官家气派，将防御和抗敌的因素集于一身，与新界的其他围村迥然不同。

五、三栋屋村

三栋屋村是香港新界一个旧围村，本来位于荃湾近现时地铁站一带（土名牛牯墩），后来因地铁工程迁至象山邨以北，大帽山南面山腰。旧有村落因保存良好，被政府辟作三栋屋村博物馆，更成为香港法定古迹。

< 三栋屋村牌楼

三栋屋村由陈氏人士所建，原本居住于福建省汀州府宁化县，后来有一支搬到去广东省广州府新安县罗芳。到了第十三代，当中的村民陈任盛搬到荃湾居住，曾于大窝口填海开地种田，并兴建一座草屋。其长子陈健常其后看中牛牯墩西部一地，发现风水极佳，便在该处立村，称为三栋屋村。

三栋屋村于1786年建立，本来只有三列房舍，故名。陈氏后人后来先后在三栋屋村的两旁及后面加建房子，遂逐渐成为今貌。

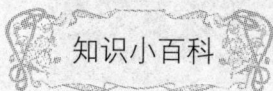

知识小百科

三栋屋村博物馆

三栋屋原来是香港最古老的围村之一，虽然经历了百多年历史，但三栋屋却保存得很好。1970年代，由于香港地铁荃湾线的工程，三栋屋村村民放弃原址他迁。1981年，港英政府宣布将三栋屋列为法定古迹，1987年，三栋屋村遗址经当时的区域市政局修葺后，改为三栋屋博物馆开放让公众人士参观。博物馆馆址约2000平方米。1990年获亚太区旅游协会颁发"太平洋古迹大奖"。

六、新田大夫第

新田大夫第，新界西北区新田乡为文姓聚居之地，建村已达数百年。最早的村民祖籍四川，系南宋时移徙至江西，其后代南下广东定居于新田。新田乡中古建筑物特多，祠堂中之麒峰文公祠及大夫第被当局列为古迹，重修后让市民自由参观。富家大宅及古老宗祠，正好为寻根考据者提供实物佐证。

<新田大夫第

　　大夫第可以作为香港早期中西文化汇集的佐证，其建筑方式、结构和外形以至装饰虽然均根据中国传统手法，材料也运用广东清水青砖、灰瓦和陶瓷，屋脊精巧以戏曲人物《杨家将》为主的陶塑正脊更出自石湾名家文如壁。大夫第为两进式三间两廊的格局，主楼呈九宫格式布局，中轴线上有门厅、天井和正厅，而两边是六间厢房和正房；上层的阁楼，可用作书房或客房；但布局并非完全以"轴"为中心，左右也不对称，最特别的是左翼的花厅及内院，右翼是厨房及厕所。有些装饰细节更蕴含西洋风格，宅内门头上刻有洛可可式的浮雕，窗门有彩色的玻璃，砌成不同形状的几何图案，二楼回廊的栏杆有十字形的装饰图案，混合了中西不同风格。

七、聚星楼

　　聚星楼，又名魁星塔、文昌阁，当地人称之为文塔，位于香港新界元朗屏山上璋围北面，原为新界原居民五大家之一的邓氏家族聚区地的风水塔。聚星楼原高 7 层，但后来因风雨侵蚀，上面 4 层已在风灾中塌毁，只剩下现时的 3 层。聚星楼呈六角形，建基于一矮台之上，主要以青砖及麻

聚星楼 >

石砌成。3层的聚星楼约13米高，最上层供奉著主着文运、掌管功名的魁星。聚星楼每层均有吉祥的题字，由上层而下分别是"凌汉"、"聚星楼"和"光射斗垣"。

　　据屏山邓氏族谱所载，聚星楼为屏山邓族第七世祖宁国府正堂邓彦通所建，有超过600年历史，为香港现存最古的古塔，具有珍贵的历史价值，亦是屏山文物径的重点古迹之一。聚星楼于2001年12月14日被列为香港法定古迹。

八、邓氏宗祠

　　邓氏宗祠坐落于香港屏山，是邓族的祖祠，由屏山的三围六村：上璋围、桥头围、灰沙围、坑头村、坑尾村、塘坊村、新村、洪屋村及新起村所环抱。据邓氏族谱所载，宗祠由五世祖冯逊公兴建，至今已有700多年历史。

<邓氏宗祠

　　邓氏宗祠为三进两院式建筑，正门前两旁是鼓台，各鼓台有两柱支撑瓦顶，内柱为麻石，外柱则为红砂岩，最具特色是宗祠正门没有门槛，前院却有砂岩通道，显示邓氏族人中曾有身居当时朝廷要职者。建筑物三进大厅上的梁架雕刻精美，刻有各种动植物和吉祥图案，屋脊皆饰有石湾鳌鱼和麒麟。后进祖龛供奉着邓族先祖神位。

　　1990 至 1991 年间，邓氏宗祠曾大事重修。宗祠现时仍用作祭祖、庆祝节日、举行各种仪式及父老子孙聚会等用途。邓氏宗祠大门联："南阳承世泽，东汉启勋名。"邓氏宗祠神楼联："俎豆千秋，吉水流芳苹馨藻洁，屏山毓秀椒衍瓜绵。"邓氏宗祠春秋二祭大门联："屏翰仰闽侯，绍南阳之世胄，今朝派衍支番，不替衣冠隆祀典；山河开万里，承高密之家风，此日苹馨藻洁，聊将俎豆报宗功。"邓氏宗祠是香港最大的祠堂之一，为屏山文物的重点古迹之一，于 2001 年 12 月 14 日被列为香港法定古迹。

第五节　博物馆

　　根据国际博物馆协会的定义，博物馆是"一所永久性和开放给公众的非牟利机构，目的在于服务社会和促进社会发展，负责搜集、保存、研究、传播与展示人类及其环境有关的实证，供研究、教育及观赏之用"。截至2012年8月为止，香港共有54所博物馆。

一、香港文化博物馆

　　香港文化博物馆位于香港新界沙田区大围，是由康乐及文化事务署管理的一所综合性博物馆，内容涵盖历史、艺术和文化等范畴。博物馆耗资

香港文化博物馆 >

洋洋大观的香港

超过 8 亿港元兴建，2000 年 12 月 17 日正式对外开放。馆内设有 12 个展览场馆，陈列面积达 7500 平方米，为香港最大型的博物馆。

博物馆透过常设展览馆及专题展览馆的多元化展览及节目，让参观者在欣赏文物之余，还可以参与其中活动，寓学习于消闲。博物馆亦出版季度博物馆通讯、制作教学资源册及工作纸，同时也举办相关讲座、学校节目、亲子 / 儿童活动、剧院节目和导赏服务等，鼓励不同社群参与博物馆活动。香港铁路博物馆、三栋屋博物馆及上窑民俗文物馆是香港文化博物馆的分馆。专题展览馆在不同时间推出多元化的展览主题。

二、上窑民俗文物馆

上窑民俗文物馆是香港文化博物馆的分馆。博物馆位于香港新界西贡北潭涌风景区内的自然教育径，占地 500 平方米，原址是一条建于 19 世纪末原籍广东宝安县黄草岭黄姓族人之客家村落——上窑村，落担祖为黄发升及其数兄弟。1981 年，上窑村和邻近的一座灰窑被列为法定古迹。1984 年复修后改为民俗文物馆，开放予市民参观。全馆以房舍、更楼、猪舍、

< 上窑民俗文物馆的正门，以原牌楼改建而成

牛栏、敞阔的晒坪和其他附设的建筑结构为主题，陈列各种客家农具和家庭用品，并附有相片及图片说明，重现上窑昔日的乡村风貌。

三、屏山邓族文物馆

屏山邓族文物馆位于香港新界元朗屏山坑头村，介绍新界五大家族之一的邓氏家族历史及屏山文物径沿途古迹，于 2007 年 4 月 15 日正式开放。

文物馆由 1899 年 4 月 22 日落成的旧屏山警署改建而成，是新界现存的战前警署之一。随着中国与英国于 1898 年签署《展拓香港界址专条》，以租借新界土地之后，屏山邓族与英军多次发生暴力抗争。政府认为需要建设警署以维持治安及提供政府服务，因而于翌年建成屏山警署，作为新界西北区的警察根据地。

1965 年，元朗分区警署落成启用，现址改作警犬队的总部及训练中心。政府与邓族于 1997 年达成协议，把建筑物改建为屏山邓族文物馆，并兼用作屏山文物径访客中心。建筑署耗资 1200 万港元改建，保留及修缮大部分旧有设施。旧警署由三座建筑物组成，主楼是一座拱形长廊的双层建筑物，外墙为白色，屋顶其后加建瞭望台。北面两层高的附翼大楼与主楼

1905 年的屏山警署 >

相连，亦建有白色外墙、开放式走廊及金字瓦顶，屋顶上矗立两座烟囱，其位置能俯瞰贯通邓氏宗祠、聚星楼及觐廷书室。

四、香港太空馆

香港太空馆位于香港九龙尖沙咀梳士巴利道 10 号，毗邻香港文化中心和香港艺术馆，是康乐及文化事务署辖下的博物馆之一。占地八千平方米，于 1977 年 7 月 16 日动工兴建，并于 1980 年 10 月 7 日开幕。太空馆定期举行各类型的天文展览及讲座，亦开放予学校，团体及公众参观。

太空馆拥有一个蛋形外壳建筑，在启用初期，因为该蛋型建筑（天象厅）是一格格正方形组成，所以很多市民都称它为"菠萝包"。1957 年，俄罗斯发射第一颗人造卫星，开始引起不少香港人对天文的关注。港英政府亦曾于 1961 年建议在铜锣湾维多利亚公园兴建天文馆，然而最后却不了了之。直到 1974 年，天文馆的计划被市政局旧事重提，选址旧尖沙咀火车站附近的海旁，耗资 6000 万港元。由于香港的气象部门香港天文台已使用了"天文"一词，为免引起混淆，故香港天文馆最后落实称为"香港太空馆"。

< 香港太空馆外貌

1980 年开幕的香港太空馆，成为全球首座电脑化的天文馆。太空馆天象厅内的电脑化星象仪，能够透过光学原理模拟实际星空环境，将 8000 颗恒星投射到天象厅的半球体屏幕。2008 年 11 月，香港太空馆耗资约 3400 万港元，对天象厅进行自 1980 年启用以来首次大型翻新工程，主要是安装一套全新数码天象投影系统，可实时模拟在任何时间及从宇宙中任何地点观看星空，系统更可升级至播放全圆顶银幕的动画或电影，现今只有极少数的天文馆拥有这种高分辨率的数码天象投映系统。此外，天象厅内的 300 个座椅，亦换上全新的多语言互动系统座椅，采用无线蓝牙技术的耳筒，加上座椅配备多功能系统，观众之间可互发短信，亦可进行即时问答游戏、意见调查等活动。

五、香港电影资料馆

香港电影资料馆是保存及展览香港电影及相关资料的博物馆，由康乐及文化事务署管理。

香港电影资料馆大楼 >

洋洋大观的香港

"有华人的地方就有'港产片'（香港电影）"，多年来香港电影作为中华文化品牌风靡全球。被誉为"中国梦工场"、"东方好莱坞"、"东方之珠"的香港，一直以来都是两岸三地大中华地区中的电影殿堂，香江乐土孕育出植根传统中华文化、融汇中西的华人本土电影产业，是全球华人社会中最为瞩目的电影天堂，更筑起仅次于美国、全球第二大的电影生产基地，因此香港电影一直见证香港和两岸华语电影的发展历程，而香港电影资料馆是两岸三地中唯一打破传统政治壁垒，全面接收保留大中华电影历史素材的电影资料博物馆。

资料馆为香港市民推广香港电影艺术，并为电影工作者和研究者提供大量资料。资料馆目前收藏电影拷贝超过 5600 部，最早的是 1898 年美国爱迪生公司在香港拍摄的风光纪录短片，馆藏亦有不少香港出品的电影，如 1939 年蔡楚生导演的抗战爱国名作《孤岛天堂》和由著名影星胡蝶、吴楚帆主演的《南国姊妹花》等。资料馆亦收藏电影的相关资料，包括：剧照、剧本、电影海报、电影原声唱片、影片特刊和合约文件、电影奖座、道具等。丰富而珍贵的馆藏令资料馆被《时代杂志》形容为香港以及亚洲最伟大的视觉艺术宝藏和二十五项"游客不容错过的亚洲体验"之一。

六、香港历史博物馆

香港历史博物馆位于香港九龙尖沙咀漆咸道南 100 号，由康乐及文化事务署兴建及管理，共耗资 3 亿 9 千万港元兴建，于 1998 年 9 月 28 日开放。香港历史博物馆为香港居民及游客介绍香港的历史，展览内容包括香港及南中国一带的考古发现、珍贵文物及资料等；涵盖自然生态、民间风俗及历史发展，向参观者呈现香港四亿年来的自然生态环境及历史故事。博物馆总楼面面积 17500 平方米，常设展厅占地 7000 平方米，并经常举办包括香港掌故等主题展览。

香港历史博物馆 >

七、香港艺术馆

　　香港艺术馆位于香港尖沙咀梳士巴利道 10 号，是香港特别行政区政府康乐及文化事务署辖下的博物馆之一。香港艺术馆是香港展览本地、中国及世界各地的艺术品的主要场地，收藏的展品数量达 15700 多件、涵盖中国书画及古玩、古代文物、具历史意义的画作及本地艺术家的创作成果等。香港艺术馆不时举行各类型的艺术展览，开放予学校、团体及公众参

香港艺术馆 >

　　　　　　　　　　　　　　　　　　　　　　　洋洋大观的香港

观。香港艺术馆的藏品、除由馆方从不同地方及向收藏家蒐购所得之外，主要馆藏大多由艺术家、收藏家及公众捐赠所得。其中特别受注目的，是1989年由刘作筹所捐赠的一批为数逾四百多件的中国书画。这次的捐赠，是香港艺术馆历来所接受的最大批捐赠。香港艺术馆的藏品主要分为"中国书画"、"中国古代文物"、"香港艺术"、"历史绘画"及"虚白斋藏中国书画"。

第六节　香港八景

香港名胜在各个时期都有"十景"、"八景"之说。随历史变迁，岁月轮逝，从清康熙年间颇负盛名的"新安八景"，到多年后的"香港新八景"，景色虽有不少变动增减，但都代表了香港的自然景观和人文风貌的特点。上世纪90年代，香港又有了"新十景"之说，即"天坛大佛"、"山顶广场"、"中区行人电梯"、"半岛酒店"、"美浮填海区"、"九龙城寨"、"黄金海岸"、"科技大学"、"红山半岛"和"新机场"，着重展现了香港现代都市的风采。

以下香港八景指的是1940年前，香港岛上的八处美景。

一、旗山星火

"旗山星火"指从太平山（扯旗山）顶观看夜色中的港岛如群星满天的万家灯火之瑰丽景色。

> 从太平山山顶俯瞰
维多利亚港夜景

　　太平山海拔 552 米，为港岛区的最高峰，香港人一般直称山顶。太平山炉峰峡是一个著名旅游景点，地标建筑凌霄阁即坐落于此。

　　太平山历史悠久，拥有多个名称，而不同的名称所指的范围亦有所不同。在地理上和历史上，太平山覆盖龙虎山以东、薄扶林以北、马己仙峡以西的一大片山丘地带。后来，太平山的山脚部分被划分为中环和上环，被发展成为中心商业区；山腰部分则被称为半山区，为一高尚住宅区。山顶则成为富有的人士和一些外国领使的居所及豪宅，并于近代则被发展成旅游景点。

　　在开埠初期，由于交通不便，要靠轿子上落山，故当时居住山顶的人士不多，1880 年代时只有约 40 户。1867 年，当时香港总督麦当奴选址山顶设立避暑别墅，即总督山顶别墅。该别墅曾于 1902 年重建，但在 1930 年代起开始停用，更于日治时期遭到破坏，最后在 1946 年拆卸，只剩下守卫室，原址辟作山顶公园。

　　山顶是香港的主要旅游景点之一，每年吸引超过六百万人次的香港市民和外地游客前往。山顶除了是一个购物中心外，还可以清楚看到中环及维多利亚港及对岸九龙的风景，深受市民及旅客欢迎。除此之外，由于早年已有不少英国人在此定居，因此也留有不少历史建筑，如狮子亭。

二、仙桥雾锁

"仙桥雾锁"是指山顶的卢吉道沿山顶拦腰如玉带的凌空栈道,该处一带晨雾飘渺、春寒料峭。

卢吉道是香港的一条行人道路,环山而建,位于香港岛太平山山顶薄扶林郊野公园一带,路口在山顶缆车总站以西。卢吉道上可以居高临下,观看香港岛山下西营盘及西维多利亚港的风景。卢吉道建于1913年至1914年之间,以香港第十四任总督卢吉爵士的名字命名,建成后被誉为"人工征服自然者之最伟大工程"。

卢吉道和夏力道环绕着太平山山顶。卢吉道只是一段可容纳行人通过的道路,其中大部分为栈道设计,可俯瞰及远眺香港岛区、鲤鱼门、维多利亚港和九龙的景色,亦是香港八景中的"仙桥雾锁"。该段道路亦为港岛径的第一段。

< 卢吉道的凌空栈道

三、鹅涧榕阴

"鹅涧榕阴"指宝灵顿运河畔的林荫。

宝灵顿运河（又称宝灵渠、鹅颈涧）是香港 1850 年代末在香港总督宝宁任内建成的一条运河，流经今天跑马地及铜锣湾一带，以第四任香港总督宝宁命名。

宝灵顿运河本来是从一条河涌——黄泥涌改建而成的，溪流该沿自聂高信山和渣甸山之间黄泥涌峡一带，经黄泥涌谷（今跑马地），流经湾仔鹅颈桥而入维多利亚港。同时，黄泥在海中冲积成一个岛，名为奇力岛。由于宝灵顿运河又长又窄，形状弯曲，像鹅只的颈部一样，因此被当时的人称为"鹅颈涧"，横过这段河道的桥便称为"鹅颈桥"（今坚拿道天桥底电车路），该区附近一带更得名为"鹅颈区"。1922 年至 1929 年，港英政府于湾仔进行填海工程，宝灵顿运河亦变成暗渠（下水道）。到了 1960 年代末，为了配合香港海底隧道的通车，港英政府更把于轩尼诗道以

>1920 年代的宝灵顿运河及鹅颈桥，电车在桥上行走

洋洋大观的香港

南，即电车公司以西的一段宝灵顿明渠填平，及后并在上方兴建坚拿道天桥，以往俗称的"鹅颈桥"也从此变成了行车天桥。其后为了配合香港仔隧道的通车，政府兴建了黄泥涌峡天桥，连接坚拿道天桥及香港仔隧道跑马地出口。

四、鸭洲帆影

"鸭洲帆影"指在大鹏湾观看鸭洲海面，帆樯交加，水影照天。

鸭脷洲是香港岛香港仔对开的一个岛屿，属于香港南区。鸭脷洲与香港仔之间的海面被划为香港仔避风塘。鸭脷洲面积1.30平方公里，在2007年时住有约86782人，人口密度每平方公里达66755人，根据吉尼斯世界纪录大全，鸭脷洲是世界上人口密度最高的岛屿。

鸭脷洲的形状也有点像缩小了的香港岛：东南部及中部是山丘，称为玉桂山。整个岛屿主要是以住宅为主，集中在岛屿西部及北部。西南面则有一个规模很小的利南道工业区和香港驾驶学院。鸭脷洲大街为岛上最早的道路，亦为鸭脷洲最早有人定居的地方，早在明朝《粤大记》中已有居民定居的记载。鸭脷洲洪圣庙在1773年建成，庙宇先后有多次重修。

< 鸭脷洲桥道为其中一条主要道路

五、赤柱朝曦

"赤柱朝曦"指每当晨曦初上，旭日东升之时，沐浴在万道霞光中的赤柱半岛，殷红如赤。

赤柱位于香港岛南面之赤柱半岛，浅水湾以东、石澳以西，是著名旅客景点。据说赤柱以前有很多木棉树，有鲜红色的花朵，在日出的阳光照耀下看起来像赤红色柱子，因此村名称为"赤柱"。

赤柱自古便是香港岛主要聚居地之一。1841 年 5 月由英国人进行的首次人口统计，在香港岛的 3650 名原居民其中超过 2000 人就是住在赤柱一带。当 1842 年香港成为英国殖民统治地区，而维多利亚城又未落成时，赤柱曾是香港岛的行政中心。后来虽然行政中心改为设于香港岛中上环区，但赤柱仍然作为英国人为主的住宅区之一。

赤柱正滩是香港南区一个泳滩，位于香港岛赤柱东部，邻接赤柱市集，为当地的一个旅游景点。该泳滩现时由康乐及文化事务署管理。在 2006 年，

赤柱全貌 >

水上活动中心正式开放，使风帆爱好者能在水中游玩，亦是 2009 年东亚运动会的滑浪风帆项目举行场地。

赤柱市集，又名赤柱市场，是香港的一处著名旅游观光点。赤柱市集内有多座单幢式唐楼，地铺最旺，卖的是外国游客纪念品、中国手工艺品、古董、成衣服装、油画、首饰等，或者是小餐厅及外币找换店等。

六、扶林飞瀑

"扶林飞瀑"指薄扶林瀑布湾之上的瀑布。

薄扶林位于香港港岛区，是香港岛的市郊部分之一，通常指北至摩星岭以南、南至香港仔的南区地域，但有时亦会包括石塘咀以南的半山区的中西区地域。其中薄扶林近南区部分的大部分私人屋苑（例如置富花园、贝沙湾）及别墅为香港中产阶级至上层阶级人士的集中地。

瀑布湾是香港的一个海湾，位于香港岛南区西南部，毗邻华富邨。这个海湾曾以瀑布而著名，后因兴建薄扶林水塘工程而不复存在。

< 薄扶林瀑布湾

七、鲤门夜月

"鲤门夜月"指夜晚在鲤鱼门观赏月光映照下维多利亚港的美景。

鲤鱼门古称盐江口，是香港海峡之一，为香港维多利亚港东面入口，与西面的汲水门相对，分隔香港岛和九龙东部。

鲤鱼门曾经是香港防守要塞，在第二次世界大战中的香港保卫战曾被日军猛烈攻击。现时，该处的防卫设施已改建成香港海防博物馆，而原有的鲤鱼门军营，其大部分被改建为鲤鱼门公园及度假村。九龙的鲤鱼门位于观塘区魔鬼山及酒湾一带，为九龙十三乡、四山之一。该处原有石矿场，但随着采石业在香港日渐式微，石矿场现已废弃。现时，该处发展成著名的渔港，并以海鲜闻名。不少外国游客亦会来临一尝香港海鲜小菜的滋味。

该处有马环村、三家村、岭南新村等村落，组成鲤鱼门村。马环村和三家村是该处历史悠久的乡村。马环村亦被称为"妈山村"、"妈环村"，意思为"娘妈（天后）庙所在的山村"，是19世纪末由石匠建村。三家村因由三家人建村而得名，但三家人是指哪三家人则说法不一。村民的祖先在19世纪中叶由广东梅县一带移来，务打石业。村内有同福堂、同泰

鲤鱼门海域 >

洋洋大观的香港

堂、同利堂、三和堂四个石矿场，并设有小码头供运送石材之用。由于当时该处与九龙市区隔绝，居民倚靠街渡或自行划小艇到筲箕湾出售农产及购买日用品。1940 年代末至 1950 年代初，部分因内战南逃的国军和难民在该处建岭南新村。直到 1997 年香港主权移交前，岭南新村被政府清拆，改建成现时的鲤鱼门邨。

八、浪湾海浴

"浪湾海浴"指大浪湾的浩荡碧波。

大浪湾是香港的一个海湾，位于目前南区赤柱及石澳政区的东部。该海湾处于砵甸乍山以南，石澳以北。大浪湾以大浪闻名，秋冬两季尤其大浪，吸引人士前往滑浪，亦有游人在该处露营。大浪湾泳滩现时是康乐及文化事务署辖下管理的泳滩之一，设有更衣室及淋浴设施，并有救生员值勤。

泳滩北部设有公众烧烤区。附近的大浪湾村内亦有私人烧烤场可供租用。距离沙滩不远处的大浪湾的北岸有大浪湾石刻，为香港法定古迹。大浪湾石刻是香港史前时期的石刻，估计是当时居民相信刻石能护佑航海人士，以及他们对航海及天文表现崇拜，现已被列为香港法定古迹，亦为香港首个法定古迹。

< 大浪湾中部的沙滩

第四章

盛事之都——香港

　　铜锣湾是香港最繁忙的购物和饮食区，也是香港不夜市区之一。入夜后，铜锣湾避更是灯火通明，热闹繁忙。作为世界各大奢侈品牌开设顶级旗舰店的必争之地，在这里你几乎可以找到世界任何一家奢侈品牌的店铺。同时富有港岛特色的本地自主品牌与明星开设的自创品牌店面也在这里熠熠生辉。

∧ 香港迪士尼乐园花车巡游

第一节　购物天堂

　　购物是香港一项很流行的活动，为香港文化的一部分，也是香港零售业的一个重要支柱。由于香港是自由港，除烟酒外的所有商品均免税，因此世界各地的各种档次的货品均可在香港找到，令香港有"购物天堂"的美誉等。

　　香港是享誉世界的购物天堂，无论从价格、种类还是服务，这里都可以说名列世界之最。1998 年美国总统克林顿访问中国时还专程偕夫人到香港大宗购物。香港的大型购物商场、酒店商场、综合购物中心、百货公司、服饰店、市场和路边摊子等各色购物场所一应俱全，既有著名的世界品牌，也不乏物美价廉的货品。而且香港大部分进口货品都无须缴税（酒烟除外）。所以无论你是富豪还是平民，在香港都能找到物有所值的商品。

香港九龙湾大街繁荣景象 >

　　香港的购物区主要集中于香港岛的中环、铜锣湾，以及九龙的尖沙咀、油麻地及旺角等地。此外，香港不少建筑物的地面楼属都划作商店之用，部分商住楼宇更设有二三层商场。另一方面，香港各区均有大型多层购物中心。

　　香港较著名的大型购物商场包括中环置地广场、金钟太古广场、铜锣湾时代广场、太古城太古城中心、尖沙咀海港城、圆方、旺角朗豪坊及九龙塘又一城及沙田新城市广场等。除了中环、金钟、铜锣湾、尖沙咀一带的商场主要售卖高档货品外，其余地区商场消费丰俭由人。

　　香港现时有多间百货公司，主要分为港资、英资、日资及中资四种。港资百货公司的货品较为大众化，包括崇光百货、永安百货及先施百货等。而英资百货公司则走高档路线，主要销售欧洲高级货品，包括连卡佛及马莎等。日资百货公司方面则是规模较大，多以日本货为主，包括三越、吉之岛及西武等。中资百货公司又称为国货公司，主要销售中国内地制造的货品，一般较为便宜，包括华润百货、裕华国货、中艺百货等。

香港有多条主题购物街，原因是同类型的商店较倾向集中在一起经营。香港岛方面，中环利源东街及西街一带主要售卖廉价服装；乐古道及摩罗街则分别以古董和旧货而著名。除此之外，湾仔骆克道和摩理臣山道分别是岛上装修物料及灯饰的集中地。至于九龙方面，主题购物街更多。最著名的包括有女人货品为主的旺角女人街，以及有男人货品为主的油麻地庙街。除此之外，还有电器店林立的旺角西洋菜南街、金鱼以至其他宠物店林立的金鱼街、玉器店林立的油麻地广东道及甘肃街等均吸引不少人。此外，旺角一段的砵兰街也专营装修物料。

知识小百科

香港中环

中环（又称中区）位于香港的中西区，是香港的政治及商业中心，很多银行、跨国金融机构及外国领事馆都设在中环。香港的政府总部，立法会大楼，以及前港督府（现称礼宾府）也是位于中环。

中环的景观是殖民时期的建筑与现代高科技大厦的混合体，大型的购物商场内则满是国际闻名的时装店。这里商厦如林，酒楼栉比，超级市场和摊贩市场并存，东、西文化兼蓄，被称为购物的天堂，旅游者的乐园。此外中环有很多的新旧建筑，成为标志性的建筑，如中银大厦等。曾为亚洲最高的建筑——怡和大厦也坐落在中环，这些建筑构成香港岛美丽和壮观的城市风景线。

第二节　美食香港

一、香港的本地菜

香港家庭大多以中国菜为家庭菜。他们大多保留了自己民族传统饮食特色。在华人社区内，以广府人、客家人（以新界的原居民尤甚）、潮汕人、蛋家人为主。因此广府菜、客家菜、潮州菜等被视为本地菜色。盆菜是新界原居民在节日时的传统菜。西贡市、南丫岛、流浮山和鲤鱼门则以海产闻名。传统食肆则可到古渔村如长洲和大澳里寻。

在第二次世界大战之前，香港中上环一带遍布以供应点心和茗茶的中式茶楼和二厘馆，譬如石塘咀至西环一带的三元楼、燕琼林、中上环的冠南茶楼、三多茶楼、云来茶楼、高升大茶楼、平香茶楼、得男茶室、得云大茶楼、莲香楼与陆羽茶室、湾仔的龙门。因为茶楼客人差不多全是男子，所以茶楼名字多以"多男"、"得男"命为，寓意开枝散叶的传统思想。

早年的茶楼分为楼座和地厅，楼座的风景好一点，茶价是七厘，地厅的茶价是三厘六，而二厘馆的茶价当然是二厘。三四十年代，茶楼竞争进入白热化，茶楼开始在晚上开设歌坛，以供表演粤曲。后来附设歌坛的茶楼多达三十几家，譬如如意、富隆、平春、添男、大观、莲香、高升等等。当年高升大茶楼曾聘请女伶梁瑛演唱粤曲，并且另聘乐师伴奏。当时除了茶楼，还有主要举办筵席的中式酒楼，譬如杏花楼、镛记酒家、南园、西苑、文苑、大三元、宴琼林、聚馨楼、探花楼、观海楼、桃李园。杏花楼就是香港的第一家酒楼，早在 1846 年已开设在西环水坑口。1900 年，酒楼已增至三十多家。当时台湾爱国诗人丘逢甲也曾经在杏花楼与朋友笑说诗词，大谈国事。由于香港人喜爱饮早茶，中式茶楼每天从清晨大约五时开始供应点心，到中午为止。战后，中式酒楼也开始兼营了茶楼的业务，供应不少新式点心。在经济起飞的 1980 年代，香港夜生活越来越繁盛。到了 1990 年代，部分酒楼开始会供应夜茶服务。

知识小百科

避风塘

避风塘原为船只避风之地，由于大量东南亚食材经此地进口，一些湾仔的餐馆便乘势推出带有战后避风塘特式的小菜，一般以海鲜为主，如避风塘炒蟹，辛辣及味浓是避风塘菜的特色。另外，位于香港仔避风塘的珍宝王国也是非常著名海上食府，并且成为香港重要旅游景点之一。随着香港经济起飞并且对饮食要求越来越高，以海鲜为主的高级食府也不断出现，例如阿一鲍鱼、阿翁鲍鱼、新同乐与海都海鲜酒家。

>避风塘的"珍宝王国"是世界上最大的海上餐厅之一

二、外江菜

随着第二次世界大战及国共内战，不少中国内地各省民涌入香港。当中为数不少的是上海人、宁波人。这些上海菜、宁波菜、徽菜被统称为外江菜。

由于上海人促进了香港工业，上海菜逐渐受到欢迎，譬如粢饭、豆浆、上海粗炒、大闸蟹、赛螃蟹、蚂蚁上树、高力豆沙等等。著名的上海菜馆有老正兴和三六九上海菜馆。

香港川菜以麻辣为特色，虽然在使用辣椒方面已经受到了亚洲各国的影响，但加入新的烹调方法，让香气更甚。现在许多川菜馆都在菜牌上显示菜肴的辛辣程度，以之识别。

三、特色饮食

以前，大牌档曾经是非常普遍的食肆，但是由于严苛的卫生条例以及政府不再向公众发出有关的经营牌照（许可证），大牌档在港已经面临绝迹的命运。大牌档慢慢把茶水档搬进室内，并且结合了以菠萝冰、杂果冰和红豆冰作招来的冰室，逐渐变成今天的茶餐厅。茶餐厅主要提供方便面、馄饨面、米粉、煎蛋、糭子和粥等廉价食物，但部分大型茶餐厅会供应炒粉面，如干炒牛河、福建炒饭、星洲炒米。有些如太兴烧味茶餐厅兼营烧味业务。当日本料理在香港受欢迎的时候，茶餐厅也开始供应部分日本熟食菜色。早餐方面，则供应牛油面包、多士、鸡蛋、香肠、咖啡、奶茶等。虽然这些食物名称在每一间茶餐厅都是一样，但真正的制成品会因不同的茶餐厅而有少许的不同。

在殖民统治时期，香港慢慢吸收了英国的饮食文化，其中英式下午茶逐渐本地化，成为茶餐厅的主要部分。当中最著名的就是"丝袜奶茶"。"丝袜奶茶"以多种茶叶冲泡，用如丝的绵网过滤，再加入淡奶，是个迷人的文化融合。"鸳鸯"则是香港另一特色饮料——以淡奶、红茶和咖啡混合调制而成。在饼店及茶餐厅可以找到蛋挞与菠萝包这两种中西文化混合而成的香港特色食品。及后，还有更多的创新饮品，如柠啡与柠宾。

街头小食也是香港饮食文化的一部分，鱼蛋、鸡蛋仔、肠粉、碗仔翅、钵仔糕、狗仔粉、凉粉、猪红、牛杂、萨琪玛、龙须糖、脆麻花、蛋散都是很受欢迎的街头小食。大部分街头小食都是来自广东，但也有少数来自其他省份。例如，萨琪玛是满洲小吃。香港其他的咸甜小吃也是充满传统风味，有些更是香港特有的。元朗的老婆饼和老公饼亦十分有名。客家人的茶粿则在离岛地区比较受欢迎。

港式甜品亦有很多选择，传统的有红豆沙、绿豆沙、芝麻糊、杏仁糊、炖奶等，西式的有芒果布甸、干酪蛋糕等，还有中西合璧的西米布甸和最创新的杨枝甘露、西米捞等，真是各有特色。

由于香港天气炎热潮湿，能够解暑消毒的凉茶成为民间常用的中草药饮品。例如：廿四味与五花茶。而凉果方面，则有嘉应子、山楂饼、话梅、陈皮梅、飞机榄等等。

琳琅满目的香港街头小吃 >

香港在金融风暴后，经济下滑，很多人在饮食业创出一条新路。那就是私房菜。中国的私房菜原是达官贵人在生活安稳后，在饮食上不断有所追求而产生偏重主人口味的特别菜色。香港人把各省份的私房菜移植到香港，以比较隐蔽的楼上铺方式经营，地点遍布港九。例如：名门私房菜、囍宴、活色生香等等。后来，除了四川私房菜、潮州私房菜、顺德私房菜，还有法国私房菜、意大利私房菜、日式私房菜、素食私房菜等等。

四、外来饮食文化

作为国际美食都会，香港汇聚了各国菜色，常见的有：日本料理、韩国菜、新加坡菜、马来菜、泰国菜、印尼菜、印度菜、尼泊尔菜、俄罗斯菜、越南菜、英国菜、美国菜、法国菜、瑞士菜、德国菜、意大利菜、中东菜、南非菜，甚至阿根廷菜。香港食肆主要集中地包括铜锣湾、九龙城、兰桂坊、尖沙咀、跑马地及中环苏豪区。其中，九龙城的以东南亚菜色为主。

由于赤柱的居民以侨居香港的外国人为主，故此此区挤满了大量欧陆餐厅和海边酒吧。20 世纪初，开设很多招待高等华人的西餐厅，如中环的华乐园、威灵顿餐室、马玉山餐室等。

< 香港的酒吧

香港的酒吧很早已经在中环的兰桂坊和湾仔的骆克道及谢斐道出现。因为早年洋行集中在中环，而英兵在当年的添马舰海军基地上岸后在附近的湾仔流连。后来，酒吧遍布了尖沙咀的广东道、诺士佛台、宝勒巷、尖东、旺角太子地铁站附近，甚至大埔各区。外国酒吧无论从装修、所卖出的啤酒都带着不同国家的文化。由于香港是前英国殖民统治地区，英国式及爱尔兰式的酒吧比较多。英国式酒吧一般座位比较少，而爱尔兰式酒吧则会供应爱尔兰咖啡。美国的酒吧比较富现代感。这些外国酒吧的顾客都以外国人及曾在外国生活的香港人为主，集中在中环、湾仔和尖沙咀。自1991年起，为了推广及宣传，慕尼黑啤酒节便每年于广东道举行。另外，一些平民化的酒吧则集中在旺角、太子地铁站附近及其他地区。这类型的酒吧会有比较多的啤酒推广小姐出现。

五、快餐店

　　随着大家乐、大快活、美心快餐、家乡鸡、麦当劳相继在1960到1970年代开业，标志着香港快餐文化和连锁式饮食集团的开端。其后，登陆香港的还有来自日本的吉野家、回转寿司，美国的云迪斯、哈迪斯、汉

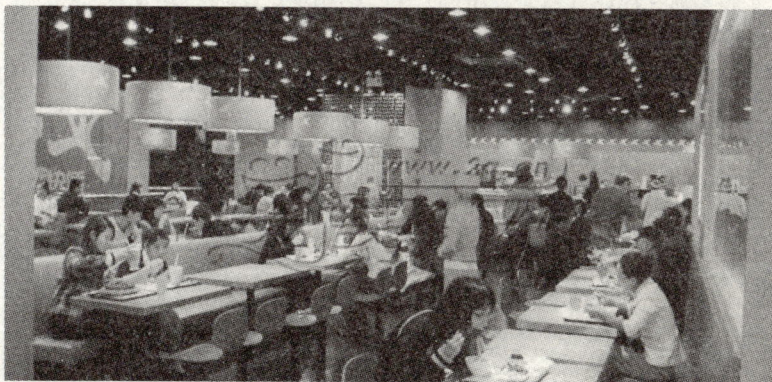

香港快餐店 ＞

堡王等等。除了香港市民容易接纳外来的饮食文化，香港本地的食肆亦擅于吸收各地饮食文化的精粹。当中美心快餐、大家乐、大快活和回转寿司店也会提供中式食品。另外一个例子就是香港的连锁式饮食集团汉阳苑，本来是一家标榜韩国料理的餐厅，但由于香港人对传统韩国饮食不太习惯，集团于是在菜单中加入日本料理，后来还有泰式料理及香港地道食品。但亦有人指这种"挂羊头、卖狗肉"的做法使餐厅变得"不伦不类"，失去了应有的个性。

　　另一个失败的例子是"马里奥餐厅"。它本来是一家标榜意大利菜的餐厅，但由于它所走的中价路线得不到认同，再加上其他标榜正宗意大利菜的高档餐厅的竞争下，被逼先后两次转手售予两家本地饮食集团大快活及煜湛，并改名为"新马里奥餐厅"。但煜湛集团在餐牌中加入的港式饮食，并未有为餐厅带来起死回生的转机。结果全线餐厅在多年之后结业。

六、潮流饮食

　　香港人接受新事物的能力很高，使很多传入香港的饮食成了一时潮流，譬如珍珠奶茶、沙冰、葡挞、日式薄饼、日式章鱼烧，顿时成为热门商品，甚至导致蛋价上扬，鸡蛋供应不足的地步。干酪蛋糕也差不多在同时期风靡香港，促使不少人学习制造干酪蛋糕，还有相关的书籍出版。来自台湾的珍珠奶茶及沙冰在1990年代登陆香港，台湾的连锁店快速地在香港各区开业，譬如休闲小站、快可立等。

第三节 休闲娱乐

一、香港迪士尼乐园

香港迪士尼乐园是全球第五个以迪士尼乐园模式兴建、迪士尼全球的第十一个主题乐园，及首个根据加州迪士尼（包括睡公主城堡）为蓝本的主题乐园。

香港迪士尼乐园设有一些独一无二的特色景点、两家迪士尼主题酒店，以及多彩多姿的购物、饮食和娱乐设施。乐园大致上包括七个主题区，与

香港迪士尼乐园 >

盛事之都——香港

其他迪士尼乐园相近。包括："美国小镇大街"、"反斗奇兵大本营"、"探险世界"、"幻想世界"和"明日世界"、"灰熊山谷"、"迷离庄园"。除了家喻户晓的迪士尼经典故事及游乐设施外，香港迪士尼乐园还配合香港的文化特色，构思一些专为香港而设的游乐设施、娱乐表演及巡游。在乐园内还可寻得迪士尼的卡通人物米奇老鼠、小熊维尼、花木兰、灰姑娘、睡美人公主等。

到访香港迪士尼乐园的游客会首先在美国小镇大街展开他们的旅程。美国小镇大街是根据典型的美国小镇设计而成，富于怀旧色彩，所展现的时代正是煤气灯由电灯取替，以及汽车代替马车的年代。这些怀旧设计带领游客进入神奇王国，让他们体验乐园内不同的世界。

来到"幻想世界"的游客首先会在睡公主城堡展开他们的旅程。游客犹如置身迪士尼故事中，找到他们最心爱的迪士尼人物：可以在咖啡杯内盘旋；又或是与各个可爱的迪士尼人物如小熊维尼、白雪公主及老鼠大哥——米奇老鼠见面。幻想世界的中心标志是一个崭新、独特的梦想花园，唯香港迪士尼乐园独有。

探险世界让游客亲身感受一个亚洲及非洲地区原始森林的旅程，同时探险世界亦将多种奇珍异卉集中在一处展出。游客可以参加乐园内的森林河流之旅，及发掘其他惊险的游乐设施如整个以森林之王"King of the Jungle"为题的岛屿等。探险世界更设有一个最大的室内剧场，这剧场专为迪士尼现场表演而设。

明日世界是一个充满科幻奇谈及实现穿梭太空幻想的地方。香港迪士尼乐园中明日世界的全新设计和感觉与其他的主题乐园截然不同，华特迪士尼幻想工程将整个园区创造成一个专为探索太空漫游奇遇与经历的星河太空港口。每个游乐设施、商店及餐厅均以机械人、宇宙飞船、浮动星体作装饰，将成为太空港口的一部分。游客可以在"飞越太空山"经历时空旅程，亦可乘坐飞碟来回穿梭太空游乐设施"太空飞碟"。

二、香港海洋公园

香港海洋公园是一个以海洋为主的大型主题公园，位于香港南区的黄竹坑，享有"全球最受欢迎的主题公园"、"东南亚地区规模最大的娱乐消闲公园"、"世界最大的水族馆之一"等多项荣耀。2009年，该园入场人次世界排名跃升至第14位，亚洲区第5名，全中国第1位。

香港海洋公园拥有全东南亚最大的海洋水族馆及主题游乐园，在这里不仅可以看到趣味十足的露天游乐场、海豚表演还有海狮、杀人鲸等精彩特技表演，还有千奇百怪的海洋性鱼类、高耸入云的海洋摩天塔，各式各样惊险刺激的机动游乐设施，如过山车、摩天轮、海盗船等，更有惊险刺激的越矿飞车、极速之旅，是访港旅客最爱光顾的地方。

海洋馆是世界最大的水族馆之一。水体宽22米，长38米，水深达7米，分为4层，观众可由通道环绕参观。该馆按珊瑚礁布局，分深湖和泻湖两部分：深湖依据堡礁设计，泻湖参照缘礁摹造，两湖海水相通。馆内放养了太平洋岛屿及南中国海鱼类5000多条，约400多种，从体长

> 香港海洋公园号称东南亚最大
的海洋主题公园，也是全球最受
欢迎的主题公园之一

不到 2 厘米的盐雀鲷到身长 3 米的豹纹鲨，还有海鳗、神仙鱼、石斑鱼等各种珊瑚礁鱼类。该馆还设有"珊瑚和珊瑚礁"展览，介绍有关珊瑚礁的形成。

　　海涛馆是一个巨型水池，宽 152 米，长 122 米，深 2.7 米，有各种不同的人工海岸，适合于不同的海洋动物生活。主要展出有美国加州海狮、非洲毛海豹、史提拉海狮、塘鹅、爵士企鹅及汉堡企鹅等。人造浪涛由电动浪涛机操纵，海浪起伏高达 1 米。还设有海岸和海洋动物为主题的展览，介绍海岸的种类和成因，潮汐和海浪与海岸的关系，各类海岸生态及海洋哺乳动物等，以一系列的灯箱、电子游戏机展示有关知识。

三、香港杜莎夫人蜡像馆

　　香港杜莎夫人蜡像馆，简称"香港蜡像馆"，位于香港太平山顶凌霄阁。杜莎夫人蜡像馆总馆位于英国伦敦，香港分馆于 2000 年开幕，是专

< 香港杜莎夫人蜡像馆

我爱香港

130

门展览名人蜡像的博物馆。其中展出了世界各地名人及知名影星。香港蜡像馆共分多个展区，包括有魅力香江、风云人物、世界首映、体坛猛将和乐坛巨星。在魅力香江内，游客可以在酒吧中与香港著名电影女星张栢芝把酒共欢，与"舞台皇者"郭富城在台上共舞，甚至戴上最潮流的发型当个封面女郎。香港蜡像馆展出约100尊国际、中国内地及香港名人的蜡像。包括篮球明星姚明、足球明星大卫·贝克汉姆、香港奥运金牌得主李丽珊、著名艺人刘德华、陈慧琳、周杰伦、李宇春等，以及已故巨星张国荣、邓丽君、梅艳芳等。

杜莎夫人蜡像馆于2004年9月27日正式展出的国家主席胡锦涛的蜡像放在一个布置成停机坪的现场实景上，仿似刚由专机踏出机舱与大家见面。参观者可穿过机舱门口，站在正挥手致意的胡锦涛蜡像身旁，接受群众的热烈欢呼及记者们的争相拍照。

自2000年开业以来，杜莎夫人蜡像馆一直门庭若市，吸引了数以百万计的游客。杜莎夫人蜡像馆经久不衰的原因颇多，但其中最重要的一点是在于人们强烈的好奇心。通过和历史名人的接触，游客们将获得一次激动人心的奇异之旅。在此游客可真切感受到各个时期的名人。在这里让人们有一种时光逆转的幻觉，能亲历这些名人所处的时代、事件。无论您喜爱音乐、电影、政治或体育，均可近距离与您喜爱的巨星名人接触及拍照，感受名人名事的珍贵时刻及体验馆内互动的乐趣。

四、浅水湾

浅水湾位于香港岛南区的浅水湾，英文名源自一艘昔日在湾内驻守以防卫海盗的英国皇家军舰，是香港著名的旅游点，也是高尚住宅区。浅水湾的海岸线蜿蜒曲折，宛如一弯新月。绵长的海滩，宽阔的滩床，幼细柔软的沙子，平静如镜的海面，使她成为香港最美丽的海滩之一。沐浴在阳光下的浅水湾，和煦恬静，散发着惬意闲适的风情，令人迷醉。清晨，朝日冉冉上升，天朗气清，正是享受沙滩漫步的理想时光，活力澎湃的年轻人随即蜂拥而至，尽情地享受日光浴。黄昏的浅水湾别有一番情调，夕阳西下，徜徉在软绵绵的沙滩之上，心境平和宁谧。

第四节　土特产品

香港虽说是购物天堂，集天下名品于一地，但真正土生土长在香港的特产并不多。说起香港的特产，实际上也没有什么本土特产，主要是其已经被国际化所影响，这个地区网罗了世界上各种商品，价廉物美，这就是香港的特色。

一、元朗老婆饼

传说以前有一对恩爱夫妻，媳妇甘愿卖身为家翁治病。失去妻子的丈夫并没气馁，努力研制出一款味道奇佳的饼，最终以卖饼赚的钱赎回妻子，重新过上幸福生活。这款美食制法流传至今被称为"老婆饼"。没想到这小小的糕点里还蕴含着一个如此动人的爱情故事。

而关于老婆饼的另一个传说则源自于广州的莲香茶楼。去过广州的人都知道莲香茶楼是广州名店，而潮州老婆饼则是它的看家点心。清朝末年，当时莲香楼请了一位潮州籍的师傅。有一年他探亲回家带了许多莲香

元朗老婆饼 >

楼的点心给家人，谁知他妻子在吃了点心之后大为不满："你们莲香楼的点心还比不上我娘家炸的冬瓜角呢。"点心师傅听了妻子的话，很不服气："那就把你家的冬瓜角做出来，跟我们莲香楼的点心比一比！"第二天，妻子准备了一锅冬瓜茸，用白糖、面粉来做馅料，再用面粉皮包成小角，放在油锅里炸至金黄色。点心师傅尝了一口，连声赞好。回到广州后，他把妻子做的冬瓜角带给茶楼的师傅们品尝。莲香楼的师傅什么样的点心没见过？可是，他们吃了冬瓜角后，都赞不绝口。莲香楼的老板知道了，也来尝了一个。老板说："嗯，味道很好！这是哪里的名点啊，叫什么名字？"潮州师傅一时也回答不出来，其中一个师傅便说："这是潮州师傅的老婆做的，就叫它'潮州老婆饼'。"

有趣的是，和"老婆饼"相对应的还有一种饼叫做"老公饼"，它们在形状上稍有差异，吃起来味道别具风格。"老婆饼"形状小巧，口感细腻，一粒粒的芝麻吃完后还觉得唇齿留香，真的犹如小女人一般细致周到。"老公饼"形状则稍大，味道和面包有点相似，倒有点像个大大咧咧的大男人。

二、金饰

　　香港是主要的国际珠宝中心，珠宝金行林立，橱窗内琳琅满目的黄金
饰品，均有可靠的成色保证，货真价实，而且手工精巧，传统和时尚款式
俱备。在香港购买珠宝金饰，毋须缴付关税和销售税，首饰价钱绝对实惠。
铜锣湾怡和街及轩尼诗道（地铁铜锣湾站 d2 出口），还有旺角至尖沙咀（地
铁旺角站、油麻地站、佐敦站和尖沙咀站）的一段弥敦道上，珠宝金行星
罗棋布，选购方便。

　　到香港买金饰是内地人特别是深圳人的一个传统。十多年前，如果有
人托亲友从香港带回了金首饰，那一定会成为炫耀的资本和大家羡慕的焦
点。直到今天，香港首饰的魅力依然不减。

　　香港金饰有三大优势：首先是漂亮，香港有世界上其他城市无可比拟
的最多、最新、最漂亮的精致首饰，让每个人都能选到自己的心头好。其

< 香港金饰

次是价格，在香港购买珠宝金饰，均有可靠的成色保证，货真价实，且毋须缴付关税和销售税，首饰价钱绝对实惠。最后是信誉，在香港这个国际大都会中，黄金及金饰市场已有一段悠长的历史，再加上在纯度上有法例的监管及百分百退货保证，所以，购买决无后顾之忧。

三、香港莞香

香港虽说是购物的天堂，集天下名品于一地，但真正的土生土长于香港的特产并不多。称得上特产的是这里出产的一种香料，用本地的香树制成，这香木点燃后冒出的烟特别的香。

香树生长于广东沿海及越南北部，以东莞、新安等县为多，香港沙田及大屿山亦有种植。据《中国树木分类学》记载：牙香树，别名女儿香，莞香。常绿乔木、树皮暗灰色，易剥落。叶有大小两种、大者称大叶香，为长卵形；小叶称细叶香，为披针形，互生，两端尖，全叶长二寸许，青绿色。花白

香港莞香 >

135

色。种子圆形、黑色。花期三月份至四月份，种子成熟期六月份。本种生长六七年后伐其正干，后越五六年，乃凿香头如马牙状，通称"牙香"。

香树长高至二十尺时，割出树液，就可制成"香"，是多种香制品的原料，可作供神和上贡的佳品，"莞香"闻名全国。明神宗万历元年以前，香港一带均属东莞县。沙田、大埔一带是"莞香"的著名产地。

因香产丰盛，这里的香市贸易也十分发达。香产品多数先运送到九龙的尖沙咀，再用"大眼鸡"船运至石排湾（即今日的香港仔）集中，然后转运往中国内地、南洋以至阿拉伯国家。当时，运往各地的莞香被堆放在码头上，散发出冲天的香气，来往船只上的人都能闻到，因而将这个港口命名为"香港"。

四、香港茶花（红山茶）

香港茶花，属山茶科植物之一，山茶有红、白两种，白山茶花多是盆栽的，野生的少，而且花也少，红山茶不仅花美丽，它的叶子也很可爱。

<香港茶花

在年宵花市上，也有红山茶出售，买回去花可以开很久，如照料得宜，下一季还会继续开花。

山茶有红白两种。香港的白山茶花多是盆栽的，野生的很少，而且花也少。新界大帽山顶有野生的茶树，生在三千尺的高处，花开得小而密，它们就是著名的云雾茶。

红山茶在香港除了园栽的以外，还有野生的。这是香港特产的野花之一，它们是灌木，可以高至二丈至四丈，花是大红色的，盛开时每朵直径有两寸，正中有黄色的花蕊。那样子虽然比不上云南特产的双瓣山茶那么富丽，但在香港却已经是颇足观赏的一种野生花木了。它们从十一月底开始先后开花，可以一直继续至次年的三月。

野生的红山茶在香港已经有很多年的历史。1849 年到香港来搜集植物标本的艾利氏，就已经注意到这美丽的红色花树。他当时仅见到有三株，地点当在今日干德道的上面。次年，更著名的植物学家张比翁氏来港，则说仅能找到两棵。但是相隔百余年之后，今日香港山上的野生红山茶花已很普遍。在跑马地的山上可以见得到，薄扶林道的两旁也有。在山顶缆车站近旁的卢押道上，也有一棵很高大的，这几天正开着满树的红花。在旧鸭巴甸道的顶上更多，那里差不多有五六十棵生在一起。这种花在香港也是受保护野生花木法令保护的，所以能够愈长愈多了。这种红山茶，一般通称为"香港茶"。

红山茶不仅花美丽，它的叶子也很可爱。山茶的叶子本是有蜡光的。红山茶的新叶，像吊钟花叶子一样，映着日光，能闪出许多美丽的颜色，从油绿、蔚蓝，以至深紫。

五、香港珍珠

珍珠按产地可分为西珠、东珠、和南珠，且有"西珠不如东珠，东珠不如南珠"的说法。我国北部湾一带所产的珍珠就属于"南珠"，香港附

<香港珍珠

近海水中亦有出产。

"南珠"粒大、珠圆、珠层厚、粉色嫩、晶莹璀璨。史书上有记载,自汉代以来的历代封建统治者均要合浦太守上贡合浦珍珠作为宫廷最高珍礼。

珍珠还是六月的幸运生辰石,象征着生活美满、家庭和睦、健康长寿,它还是结婚12周年和30周年的纪念礼品。

珍珠除了是一种贵重的装饰品外,也是一种珍贵的药材。特别是海水珍珠,其主要成分为碳酸钙,此外,还含有十多种微量元素,尤其硒、锗等微量元素是防癌、抗衰老的物质。明代李时珍在《本草纲目》中写道:"珍珠涂面,令人润泽好颜色,涂手足,去皮肤逆。"

六、香港蝴蝶

蝴蝶是香港名产之一,香港出产的蝴蝶已有142种之多。香港蝴蝶最多的地方是蝴蝶谷、大学堂一带。

我爱香港

香港蝴蝶邮票 >

　　蝴蝶谷原在九龙荔枝角的背后，这是港九学生时常集体旅行野餐的地点，也是观察、搜集蝴蝶标本最理想的地方。这个山谷的林木很茂盛，大多是小松树，和一种土名叫"鸭脚树"的矮树，是蝴蝶蛹最喜欢栖息的植物。因此一旦孵化出来，就构成整千整万蝴蝶绕树纷飞的情景。这种蝴蝶以黄翅的粉蝶居多。所以看来一片金黄，使蝴蝶谷享有盛名。

　　香港是一个国际大都会，市区大厦林立，跟蝴蝶的栖息环境似乎相差甚远。由于香港位于两个生物地理分布区（古北界和东洋界）交界附近和亚热带地区，气候温和，雨水充足，加上地势复杂，又有上千种植物，满足了各种生活在不同栖息地的蝴蝶，幼虫亦有足够食物；这得天独厚的天然环境使不少蝴蝶物种于境内发现。现时香港共记录了越 250 种蝴蝶，更有 1 种为独有亚种。跟中国相比，虽然香港陆地面积只是中国的万分之一，可是被发现的蝴蝶物种占全国超过百分之十。所以香港也是一个观赏蝴蝶的好地方。

盛事之都——香港

七、石斑鱼

石斑鱼可说是香港海鲜的代表，是香港生产的咸水鱼之最享盛名的一种。

石斑鱼，属鲈形目，体长椭圆形稍侧扁。口大，具辅上颌骨，牙细尖，有的扩大成犬牙。体被小栉鳞，有时常埋于皮下。背鳍和臀鳍棘发达，尾鳍圆形或凹形。体色变异甚多，常呈褐色或红色，并具条纹和斑点，为暖水性的大中型海产鱼类。石斑鱼有许多不同的种类，最常见的有花狗斑、红斑、苏鼠斑、泥斑、老鼠斑。其中以老鼠斑最名贵。石斑鱼营养丰富，肉质细嫩洁白，类似鸡肉，素有"海鸡肉"之称。

石斑鱼又是一种低脂肪、高蛋白的上等食用鱼，被港澳地区推为我国四大名鱼之一，是高档筵席必备之佳肴。石斑鱼烧芋艿，原本是嵊泗渔区一道家常菜，如今却成为享誉海内外的珍贵菜。石斑鱼肉多刺少，味道鲜美，而且产量多，性长耐活，同时卖价较便宜，深得香港市民喜爱。

< 香港石斑鱼

我爱香港

140

八、大澳虾酱

到香港的大屿山去玩，不能错过大澳；到大澳去玩，千万别错过那里的虾酱。虾酱是大澳最著名的特产。作为"香港十大胜景"之七，大澳端午节"龙舟游涌"的传统仪式 2011 年被列入国家级非物质文化遗产名录，旅游业已渐渐取代渔业成为小岛的支柱产业。其中，大澳虾酱、大澳鱼肚等明星产品不仅驰名粤港澳，就连欧美游客都对之趋之若鹜。

虾酱的食用方法很多，既可用作各种烹饪和火锅调味料，又可用于做出许多独特的美味小菜，如鸡蛋蒸虾酱、虾酱炖豆腐、辣椒蒸虾酱等。最容易做的是鸡蛋虾酱饼。把油烧热后倒入虾酱，加葱末、蒜末、干红辣椒段，少许黄酒和醋，炒熟后浇入打散的鸡蛋烙成饼就可以了，如果是春季吃，加入少许香椿味道会更好。

∧ 大澳虾酱

九、工业名特产品

香港的玩具出口从 1972 年以来一直雄踞世界冠军宝座。香港服装产品时装化、高档化、多样化，已成为世界最大的服装供应地。由于微电子、微处理技术的发展，香港的电子产品有众多适应市场需要的潮流性产品，与上述成衣、玩具并称为香港三大出口工业名特产品。

∧ 香港玩具

第五章

流行之都——香港

　　香港的电影事业为香港带来了"东方好莱坞"的美誉。位于尖沙咀海滨花园的"星光大道"，旨在表扬幕前巨星和幕后电影工作者的杰出贡献，记录香港的百年电影史，也是欣赏"幻彩咏香江"多媒体灯光音乐汇演的最佳地点。

∧ 第 32 届香港电影金像奖 "全家福"

第一节 香港当代流行歌曲

香港真正意义上的流行歌发展至今已有三十多年，其中涌现出一批著名的巨星，推出过大量脍炙人口的名曲，影响着一代又一代成长中青少年。

一、香港当代流行歌曲的创始

1970年代中期以前的香港乐坛，是一个"外来语言"统治的年代，国语歌和英语歌占主导地位，民族小调和英美式流行曲大行其道。出现的用本地话粤语演唱的歌曲多由粤剧腔改编而成。而真正意义上的当代流行乐的兴起，得从温拿乐队和许冠杰说起。

温拿乐队（Wynners）的前身 Losers 乐队在失败的尝试后解体，几名 Losers 的成员认为乐队名称不祥（失败者），改名"胜利者"并邀阿 B（钟镇涛）加盟，成立温拿乐队。温拿乐队一开始也是以演唱英语歌为主，后来以英美流行曲的风格为基础填上粤语歌词，唱起粤语歌。《钟意就钟意》、《玩下啦》等红遍香江。他们以青春、前卫（比如喇叭裤，齐肩发）的造型赢得了年轻人的纷纷仿效，一时间"夹 BAND"（组建乐队）成为流行的新鲜事物。许冠杰有一首歌《潮流兴夹 BAND》便是描述了这盛况。温拿的崛起标志着香港乐坛有了属于自己的流行歌，属于自己的偶像，他们深刻地影响着 1970 年代中后期的一代香港年轻人。1978 年温拿乐队宣布解散，其成员各自发展，并相约每五年再聚一次发行一张大碟。他们实现

<温拿：《乐坛风云》专辑

了诺言，其中 1988 年即解散十周年之时推出的专辑最有影响，《千载不变》打入当年的十大金曲。单飞后的温拿成员在香港演艺界获得了不可思议的成功：谭咏麟成为香港乐坛第一人；而温拿的主音歌手钟镇涛也走红歌影两栖；彭建新虽成就不如上两位，但以其独特的乡村风格也在乐坛获得一定的地位；陈友则在电影界成名，从演员到执导都颇有成就；只有叶志强较少继续在演艺界露面。

许冠杰被誉为香港当代流行歌的鼻祖，他创造的以香港口语演绎法开创了香港本地歌曲的新纪元，对粤语歌的推行所起的作用是决定性的。许冠杰早年组过乐队，唱过英文歌，并随其兄许冠文一起主持过电视节目。许氏兄弟的电影在 1970 年代后期至 1980 年代初红极一时，《最佳拍档》至今仍保持香港电影观看人数的纪录。许冠杰 1974 年推出的首张粤语专辑《鬼马双星》揭开了香港当代流行乐坛的序幕，1978 年"买到要抢"的经典大碟《半斤八两》标志香港粤语流行歌的市场正式形成。许冠杰是一位音乐奇才，他的作品能收能放，挥洒自如。他创作并演唱的歌曲可清楚地分为俚、雅两类，尤以前者意义重大。这些以粤语白话创作的歌曲嬉笑怒骂，站在普通人民的立场褒贬时事，用语风趣幽默，受到前所未有的欢迎。如《半斤八两》借打工仔之口道出社会底层人民的艰苦，《十个女仔》则尖锐地对片面追求时髦、唯利是顾的女孩进行讽刺，《加价热潮》更是直接对物价飞涨宣泄不满。据说东南亚某公司曾向许冠杰购买《天才白痴梦》几句歌词的版权作广告之用，每一字付元一千。许冠杰是缔造当代香港流行歌的最大功臣，也是这个流行乐坛的第一位天皇巨星。在许冠杰的影响下，大批歌手转而唱起粤语流行歌，同时另有一批新秀崛起。

许冠杰 >

流行之都——香港

二、电视剧歌曲风行的时代

　　1970 年代中后期到 1980 年代中期，是香港电视剧的黄金时代，香港最经典的电视剧绝大多数是在这期间拍摄的。电视剧的风行捧红了一大批演员，像周润发、郑少秋、汪明荃、无线五虎将等，成为了香港演艺界举足轻重的人物。而随着电视剧的红火，它们的主题曲和插曲迅速传遍了大街小巷，成为最流行的曲种，一批著名的歌星就是在唱电视歌曲中走红的。

　　郑少秋以其正气、英俊的形象在电视剧中一直扮演各种英雄和侠客。他在歌曲的代表作是电视剧《楚留香》、《倚天屠龙记》、《轮流转》等的同名主题曲，他不仅是那段时期最红的影星之一，也是最具影响力的歌星之一。直到 1990 年代，他仍以《笑看风云》、《岁月无情》等优秀电视歌曲继续他在歌坛的常青树地位。粤语中有一个词叫"劲秋"（意即非

< 郑少秋

荃心荃意

汪明荃 >

常厉害，有人写作"劲抽"），据说便是典出郑少秋：因他以"劲秋"来命名自己的演唱会而广为流传。

汪明荃也是一名当红影星，她在电视界的代表作是《京华春梦》、《万水千山总是情》，这两部电视剧的同名主题曲同时也是汪明荃歌曲的代表作。汪明荃在香港演艺界被尊称为"阿姐"，是与她的资历分不开的。和郑少秋一样，她也是以演老粤语片出身，历经了香港艺坛的风云变换。

罗文并不是只唱电视歌曲，其他类型的歌他也有不少代表作。但他的电视歌曲在香港乐坛中却占有重要的地位。《小李飞刀》现在看来仍然是香港乐坛最经典的歌曲之一，据说当时香港艺人到东南亚演出一定要唱这首歌。罗文与甄妮合唱的《射雕英雄传》主题歌《铁血丹心》和《世间始终你好》也是著名的经典名曲。罗文的歌路非常阔，他的歌喉适应性也很强，像《激光中》这样轻佻的极品和《几许风雨》这样励志的杰作，他一样演绎得丝丝入扣。罗文是香港乐坛二十几年来一位重量级的巨星，较早期的代表作如《好歌献给你》在当时是一种较为前卫的风格。1990 年代中期，罗文一度重出歌坛，凭《坏情人》和《孔子曰》得到世人的认可。

甄妮与罗文有不少共同之处，他们不是专唱电视歌曲的歌手，但他们所唱的电视歌曲在香港乐坛却有着举足轻重的地位，他们合唱的《射雕英雄传》非常经典。甄妮其他的电视歌曲代表作有《春月弯刀》、《东方之珠》等。甄妮她与同时代大多数歌星不同的是她能唱纯正的国语歌和英语歌，《海上花》、《鲁冰花》是其代表作。粤语歌方面的代表作是《再度孤独》、《梦想号黄包车》、《明日话今天》。

这个时代的其他重要歌星包括林子祥、徐小凤、区瑞强等人。

林子祥见证了整个香港乐坛的发展，他早年是唱英文歌的，改唱粤语歌后走的是民族风格的路子，《千枝针刺在心》、《在水中央》带有明显的古典小调味道，而他创作的另一类歌如《爱到发烧》、《阿LAM日记》则走了另一个极端，是完全的西洋风格。后一风格曾被认为是林子祥的代表，是喝过洋墨水者的形象。林子祥的另一些著名作品如《真的汉子》、《敢爱敢做》、《男儿当自强》则充分展示了他的超人的歌喉。在谭、张争霸的时代，林子祥仍然牢牢把住他在歌坛巨星的地位，显示出不俗的实力。

徐小凤是真正的"前流行歌年代"的歌星。在粤语歌流行之前，她是唱国语歌的。1970年代的《卖汤圆》、《叉烧包》等歌曲的风格显然与当代所谓的流行歌不同，那个时候她已经是一位非常走红的著名歌星了。1970年代末，徐小凤顺应潮流唱起了粤语歌，《随想曲》、《风的季节》、《星

< 林子祥

星问》、《风雨同路》等是其代表作。徐小凤以其雍贵大方的形象在香港歌坛独树一格，是一颗常青的巨星。1992年她举行的告别演唱会连开43场，创下香港乐坛的纪录。

三、香港乐坛的全盛时期

陈百强可能是香港乐坛第一位偶像派的歌手，早于1978年便推出了他的首张个人专辑《眼泪为你流》，他以其俊朗的外表的贵族式的风度征服了大批的歌迷。陈百强是一位出色的创作歌手，他笔下的作品如《眼泪为你流》、《偏偏喜欢你》至今仍是卡拉OK厅常见的曲目。他的其他代表作有《今宵多珍重》、《深爱着你》、《烟雨凄迷》、《一生何求》等。在1980年代，陈百强长期被压在谭、张的阴影下，这对心高气傲的他心理有些难以接受，尽管他也一直在推出精彩的作品。在谭咏麟和张国荣先

陈百强 >

后退出（或淡出）歌坛之后，陈百强并没有得到更大的发展空间，张学友和刘德华的崛起结束了他的梦想。1992 年 5 月陈百强服药不慎昏迷入院，一年半之后不治。陈百强的歌路历程充分显示了商业歌坛的残酷性，他紫色的梦想没有得到充分的实现；但他又是幸运的，毕竟他已充分展示了自己的才华，并获得了广泛的认可和赞赏。

　　谭张争霸开启了香港乐坛的全盛时期。所谓谭（咏麟）、张（国荣）争霸，其实是一个张国荣追赶谭咏麟的游戏，谭咏麟在强劲对手面前一直保持领先的位置。两人的歌迷势成水火，互骂甚至互殴的冲突不时出现。如此过分的做法使两人不堪重负，谭咏麟在 1987 年度香港十大中文金曲颁奖典礼宣布不再领奖，他的歌迷为自己实在太过火的行为付出了代价。在谭咏麟退出之后，张国荣在没有对手的情况下轻取 88、89 两届最受欢迎男歌手后，身心疲惫而又索然无味地宣布告别演艺圈（但后来他复出拍戏，之后更是复出歌坛）。偶像的魅力在这段时期显现无遗，香港乐坛进入了一个火热的年代。谭张至高无上的位置在一定程度上压抑了其他歌手

<谭咏麟

冒头的机会，但有实力的歌手仍然不断地加入战团，形成一个竞争残酷而激烈的精彩的场面，香港乐坛由而进入了全盛时期。

　　谭咏麟在 1984 年十大劲歌金曲四个季度 40 首季选歌曲中，一人便不可思议地占有 10 首，并在年终席卷了几乎所有的大奖，不可动摇地确立了他乐坛第一人的地位。这也同时宣布香港乐坛进入了一个全新的时代。谭咏麟早年是温拿乐队（Wynners）的主音歌手之一，温拿散伙后阿伦在 1978 年推出自己首张个人专辑《反斗星》，反映良好。随后的几年里他推出了数张颇受欢迎的大碟，《想将来》、《迟来的春天》、《雨丝情愁》、《天边一只雁》等是那个时期的代表作，受到一致的好评。1984 年谭咏麟的两张大碟《雾之恋》和《爱的根源》获得不可思议的成功，尤其后者可能是香港乐坛二十多年来最出色的专辑，《爱的根源》、《爱在深秋》、《夏日寒风》等多首名曲风行天下。之后的近十年中，他推出中每一张专辑都是令人爱不释手的珍品，销量屡创新高。当中的名曲像《爱情陷阱》、《雨夜的浪漫》、《朋友》、《无言感激》等等都是香港乐坛的经典名曲。即使在退出颁奖典礼之后仍推出大量如《半梦半醒》、《水中花》、《一生中最爱》这样的名曲。1994 年之后，受歌坛大势影响，谭咏麟歌曲的质量有所下降。谭咏麟推出的可列为经典的歌曲应该是所有香港歌手中数量最多、质量也最好的，是后辈歌手难以逾越的高山。谭咏麟以开朗、乐观的形象感染着演艺界的后起之秀，他声称自己"年年 25 岁"，永远以年轻人的心态工作。张学友、刘德华等人在成长的过程中都曾得到过谭咏麟大力的帮助。

　　张国荣早于 1979 年便推出自己首张个人专辑，但之后的几年发展不太如意，歌曲只有《一片痴》、《风继续吹》有点知名度。1984 年，张国荣凭《MONICA》一炮走红，以其英俊潇洒、青春活力而又有些前卫的形象，成为众多少男少女醉心的偶像。《MONICA》可能是香港第一首登上大雅之堂的舞曲。在此之后，张国荣充分展示了他的偶像魅力，深情款款如《共同渡过》、《无需要太多》，狂野奔放如《无心睡眠》、《黑色午夜》，

< 张国荣

傲慢不羁如《不羁的风》、《贴身》、《拒绝再玩》等收放自如，而一些非情歌名作象《有谁共鸣》、《当年情》、《沉默是金》更是脍炙人口，令人回味不已。如果说谭咏麟是代表"正统"的话，那张国荣就显得有些另类，他的专辑中"不正经"歌占了很大比例，热辣辣的劲舞是他有别在同时代其他歌手的标志。

在谭张在为最受欢迎男歌手进行角逐的时候，梅艳芳牢牢的占据着女歌手的第一把交椅。1983 年，梅艳芳凭借日本电视剧《赤的疑惑》（即《血疑》）的主题曲《赤的疑惑》一鸣惊人，进入最受欢迎的歌星行列，次年推出的名曲《似水流年》将她送到最受欢迎女歌手的位置。梅艳芳在香港乐坛有"百变梅艳芳"之称，或纯真少女（《蔓珠莎华》）、或落寞怨妇（《似火探戈》、《梦幻的拥抱》）、或妖冶艳女（《妖女》、《爱将》）、或渴望爱抚的女郎（《坏女孩》、《烈焰红唇》）、或心将枯死的弃妇（《似是故人来》、《伤心教堂》）、或假装矜持的少女（《将冰山劈开》、《淑

梅艳芳 >

女》）……她不断地变换形象，每个形象都有独特舞台造型，令人印象深刻，她独特的声线和舞姿也独具魅力。可以说每当她推出新歌，人们都可以看到一个全新模样的梅艳芳。

1989 年，张国荣、梅艳芳、林子祥以及陈慧娴的退出是香港乐坛一条清晰的分界，巨星的退隐使乐坛好似一下丢了主心骨。不过新的偶像很快就被找到，经过两年的"磨合"，香港乐坛进入了一个新的时代。

四、香港乐坛的四大天王

1990 年代初，随着谭咏麟的淡出香港乐坛和张国荣的全面退出，香港乐坛出现了一条明显的"分水线"，用了几年的磨合期。张学友、刘德华加上李克勤取而代之，打开了 1990 年代的香港乐坛新世代。

1991 年，黎明的火速走红，将同属宝丽金唱片公司的李克勤的声势压下，李克勤的歌唱事业亦开始下滑。而香港乐坛的乐队势力亦开始被偶像派取代。当时因为黎明和刘德华同属偶像派，成为最大竞争对手，两人曾被封为双子星。而实力派的张学友亦保持声势和前两者被合称乐坛三大

<刘德华

家族。随后 1992 年，郭富城旋风从台湾吹回香港，加上《东方日报》一篇打油诗的效应，香港"演唱会之父"张耀荣将四位当时最受欢迎的男流行歌手统称为"四大天王"，并得市民广泛接受，一直沿用至今。

"四大天王"中，刘德华是成名最早的一位。在 1980 年代中期他的名字开始被香港乐坛熟知，1985 年官方正式出版的第一首歌曲即他同名专辑歌曲《只知道此刻爱你》，即使有部分所谓的音乐专业人士说，刘德华的声线并不是很占优势，或者挑剔地说他的歌太大众化，但刘德华式的颤音唱法的确将许多情歌演绎的相当深情完美，无论是粤语还是国语，从《可不可以》、《一起走过的日子》、《真我的风采》到《你是我的女人》、《当我遇上你》、《天生天养》、《无间道》，从《我和我追逐的梦》、《谢谢你的爱》、《忘情水》到《冰雨》、《中国人》、《爱你一万年》、《男人哭吧不是罪》、《练习》等，一首首经典歌曲已经成为了"不老天王"的传奇印迹。在所有人心目中，刘德华是成功艺人的完美典范，他劳动模范一般的工作狂精神，让同行和媒体都赞叹不已。从 2000 年获得第一个金像奖影帝后，他在电影方面开始投入较多的精力，但音乐方面依旧保持高产，是香港人甚至是中国人勤奋的象征。刘德华从出道至今共发行过唱片100多张，共演唱过近1000首歌曲，共举办过400多场演唱会，从1981年出道至今共演出过140多部电影。他是演艺界影、视、歌多栖发展最为成功的艺人之一。

1989年至1990年间，谭咏麟和张国荣先后退出香港音乐颁奖礼，张学友抓住机会成功成为宝丽金唱片公司主打歌手之一，并于1990年推出唱片《只愿一生爱一人》，再次受到乐坛瞩目。1991年，张学友开始在香港、广州、上海、北京等城市举行巡回演唱会。同年推出两张唱片《情不禁》和《一颗不变心》，其中收录于《情不禁》专辑中的《每天爱你多一些》大受欢迎，除于当年夺得各大音乐颁奖礼的歌曲奖外，更分别于1997年获得商业电台"叱咤殿堂至尊歌"及"金曲廿载十大最爱"殊荣和1999年获得香港电台"世纪十大中文金曲"殊荣。《情不禁》和《一颗不变心》的成功，使张学友与刘德华和黎明在香港各大颁奖礼分庭抗礼。张学友于1992年推出粤语唱片《真情流露》，当中9首歌曲曾经登上香港音乐流行榜，并多次占据榜首位置，成为香港流行音乐上榜歌曲最多的音乐专辑之一，当中的《分手总要在雨天》和《相思风雨中》等亦成为经典粤语流行曲目之一。张学友的巅峰时期亦被认为是香港流行音乐对海外贡献最大的时期，

张学友 >

尤其是他成功开拓了庞大的海外市场。当时张学友的唱片销量亦引起了国际流行乐坛或者媒体的关注，包括美国《时代杂志》。美国最具权威的音乐杂志《告示牌》（Billboard）在一定的程度上也是因为张学友的崛起而开始关注香港流行音乐。

黎明，最年轻的天王，一直以其谦和儒雅的健康形象深受人们爱戴，1990年因主演电视剧《人在边缘》而在香港开始走红，同年他也发行了第一张唱片《LEON》反响热烈，获得香港乐坛最佳新人奖。1991年凭《是爱是缘》获IFPI全年最佳销量大碟，1992年赴星马以及美加10省开个人演唱会20场，并在香港红馆首次开个人演唱会共10场，曾多次获得劲歌金曲金奖和最受欢迎男歌手奖，但从1999年宣布不再领取香港乐坛奖项起，他更侧重于录影带创作，多次获得MTV导演奖。音乐上早期以深情款款的慢歌打动人心，经典歌曲有《今夜你会不会来》《对不起，我爱你》《我来自北京》等；中期以打造电音舞曲为主《全日爱》《眼睛想旅行》《看上她》等多首时代感极强的电音歌曲，风靡各大PUB舞厅；到了后期注重唱功与情感结合歌曲《长情》风格大气，《两个人的烟火》配合电影更是传唱极高。从1992年至2009年，黎明在香港举办个人大型演唱会共计132场，同时也在东南亚市场上掀起不小的波澜。黎明于1999年宣布不再

< 黎明

于香港领取任何关于音乐方面的奖项，将重心逐渐转移到幕后，自己建立了唱片公司 A Music。并继续拍戏与唱歌。

　　郭富城 1992 年之后到香港发展，自在港推出粤语专辑《请把我的情感带回家》形成抢购热潮，勇夺四白金销量后，更以迷人的舞姿、俊俏的形象、健硕的身型与清新的歌声渐渐深入人心，人气急升，迅速窜红。1995 年在香港音乐人雷颂德、谭国政及经理人小美的协助下，挖掘其娴熟的舞技与别有特色的声线，使其成功转型为实力派歌手，三次获得最受欢迎男歌手及多次年度十大金曲等殊荣。说到郭富城，肯定得谈到他的演唱会。郭富城驾驭舞台的能力在香港及亚洲无人能出其左右，他的演唱会代表着香港演唱会制作最高水平，成为香港演唱会的标杆，在 2004 年的《舒适堡郭富城舞台宝典·舞林大汇》再创传奇，演唱会叫好叫座，被传媒喻为近十年最精彩的演唱会，成为一时佳话。

　　2005 年岁末，香港艺人收入榜"四大天王"同时进入前 10 名，诸多媒体用"四大天王神话再现"来渲染。其实十几年来，传媒圈、娱乐圈无论如何鼓噪"新四大天王"、"四大天王接班人"，黎明、刘德华、张学友、郭富城这四人的地位都能恒久不变，直到这四人日渐衰老，这些所谓的接

郭富城 >

班人仍旧默守在历史的角落。在"四大天王"最红火的年代，他们几乎就是整个香港娱乐圈，虽然四人都在多栖发展，但各自竞争最多的地方还是在音乐上，他们以各自非凡的魅力在华语歌唱历史上写下了重要的一笔。

第二节　香港电影

香港电影是华语电影的先驱者，"有华人的地方，就有香港电影的影踪"，港产片多年来风靡全球，成为华人文化的一大标记。多年来，香港电影广为华人界熟悉，连香港电影金像奖也成为华语电影的一大指标。香港一直以来都是两岸三地大中华地区中的电影殿堂，更筑起仅次于美国的全球第二大电影生产基地。香港更成为亚洲第一的电影生产基地和电影出口基地，被称为东方好莱坞、华人娱乐码头、华语梦工场。

一、早期的香港电影

1897 年 4 月，电影第一次传入香港。当时法国人萨维特从美国旧金山抵达香港，为当地新闻界举行了一次放映会，当时报纸报道："此等机器未曾在香港及远东出现过。"

1923 年 7 月 14 日，由黎海山、黎北海、黎民伟三兄弟创办的民新制造影画公司创立，成为香港第一家由中国人自己集资开设的电影制片企业，一方面招收人手并创办了演员养成所（即培养、训练演员），另一方面前往美国购买器材设备，后来还拍摄了《胭脂》等作品。而这时期还出现了大汉影业公司（拍摄故事短片《金钱孽》）、光亚电影公司（代表作《做贼不成》）等。如果加上黎北海他们在 1934 年之前（也即默片时代）制作的作品，香港产生了将近 30 部默片，但题材方面已经涉及到戏曲片、文艺片、写实片、伦理片、爱国片、喜剧片、恐怖片等各种类型，且更多程度上是来自于中国的传统文化与民间故事，也可见其与中国内地影片的紧密关系。

　　1930 年 10 月，联华影业制片印刷有限公司在香港、上海两地正式注册成立，为 1930 年代上海、香港的电影业的发展奠定了基础。1933 年 9 月 20 日，香港第一部全部有声的粤语片《傻仔洞房》公映，标志着香港电影进入有声片时代。

知识小百科

《庄子试妻》

　　电影《庄子试妻》取材于明代传奇剧本《蝴蝶梦》中"扇坟"一段，表现战国时哲学家庄周诈死以试探妻子是否守节的故事。该片是黎民伟和布拉斯基合股

中国第一位女电影演员严珊珊 >

摄制的，黎民伟的股本是组织"人我镜剧社"，为拍摄《庄子试妻》等集所需的摄制机械和技术，包括教授罗永祥拍摄该片的摄影技能。该片的开拍日期是 1913 年，影片拍成后，曾由美国电影商人本杰明·布拉斯基带回国内放映。该片是香港出产的第一部故事片，它是中国第一部在海外放映的电影；电影中出现了中国第一个女性演员严珊珊。该片改编自粤剧《庄周蝴蝶梦》，取材于其中"扇坟"一段。

1934 年 5 月，上海天一影片公司的粤语片《白金龙》红遍南洋，而在香港成立了天一港厂，并从上海带来了一批人才。天一港厂不但进一步的促使了粤语片的发展，也为后来邵氏兄弟公司奠定了基础。

1937 年 7 月 7 日，卢沟桥事变，抗日战争爆发，而不少的香港电影人为了逃避战乱南下香港，带来了大量的资金与技术。12 月底时还举办了上海、香港文化界的联欢会。

1941 年 12 月 25 日，香港沦陷，从此香港进入了长达三年零八个月又二十五天的漫长孤岛期。香港电影也处于基本上停滞的状态。

直到 1945 年 9 月侵占香港的日军投降，香港电影开始缓慢的复苏。1930 年代初至 1940 年代初的十多年间，是香港电影工业第一次繁盛时期，其制片企业的兴盛、以粤语电影为主的制片数量飞速增长以及独立制片体制的成熟标志着这一时期电影工业已告别草创阶段而进入规模发展时期；在美学形态上既有教化电影、抗战电影等趋同时代的进步电影，亦有言情片、喜剧片等题材多样、风格多样的类型电影。但这一时期香港受西方文化的影响相对微弱，中原文化仍根深蒂固，香港文化基本上叠合在内地文化之中。香港电影虽亦规范于中国电影的发展之中，无论是内容或形式方面均未逸出内地电影的轨迹而呈现出独特形态。

二、香港电影的发展与繁荣

第二次世界大战结束后不久，又爆发了解放战争，这使得再次涌起上海电影人南下香港的热潮。中华人民共和国成立后，新中国对影片的输入和输出都实施了新的限制政策，尽管港英当局遣返了部分左派电影人，但依然有不少上海电影人留在香港，包括张善琨、朱石麟等，他们在陆陆续续的成立影片公司、制作影片的过程中促使了香港电影业的发展。其中，永华制片厂的起起落落，又为后来电懋进入香港市场奠定了基础。这时期主要还是由内地电影人在香港大展身手，为香港电影业带来了复兴与延续发展。

1950 年代中期之后，香港社会的经济进一步发展，文化开始转型，形成了由中原文化、西方文化和岭南文化组成的复合文化体。香港电影亦随着其文化的转型开始了新的发展。在工业层面，"光艺""电懋""邵氏兄弟"等具有新马资金背景的大型现代化制片企业登陆香港，使香港电影的大厂制片体制有了现代化和全球化的根本创新，制片数量也进一步飞升。在美学层面，涌现出了时装文艺片、粤剧片、黄梅调电影、喜剧片、歌舞片、青春片等各种题材和类型的影片，艺术表现手段亦显得新颖、多样，已经具备了进行本土化转型的美学基础。

1930 年代成立的天一港厂，经历了南洋影业、邵氏父子等名称的变化后，在制片业方面发展不是很明显，于是，邵逸夫在 1950 年代末回到香港，将邵氏父子改组为邵氏兄弟，并兴建摄影棚，招聘李翰祥等电影人才，此后随着《貂蝉》等黄梅调影片的大热而成为"一方霸主"，与电懋（即之前的国际）形成对峙的局面。此后邵氏蒸蒸日上，成为 1960 年代"东方好莱坞"的象征。

< 电影《貂蝉》海报

　　1960 年代后期，香港经济开始腾飞，本土文化意识逐渐成熟，电影也开始了更为本土化和娱乐化的转型。电影工业层面上，大厂体制在度过了它最为辉煌的时期后由盛而衰，而独立制片体制却又有了新的发展。特别是"嘉禾"成立后，将二者结合起来，形成了新的"卫星制"制片体制，极大地促进了香港电影工业的发展。在美学层面，新武侠片、功夫片、喜剧片、犯罪片、色情片、恐怖片、科幻片等多种商业类型片相继涌现，电影语言也以全新的面目出现，形成具有鲜明本土特色的电影；在主题内涵方面，开始表现土生土长的新一代年轻港人的价值观和道德观，价值取向也发生了一定的变化。过渡转型时期之前的香港电影，实际上是从属于传统中国电影且仅带有一定地域特色的华南电影，而之后的电影才是独具文化品格和鲜明地域色彩的香港电影。

　　邵氏兄弟公司在1966年推出胡金铨的《大醉侠》后，又推出了张彻的《独臂刀》、《大刺客》等作品，掀起了一股新派武侠电影潮。但邵氏的元老之一邹文怀，在与邵逸夫意见相左又难以平衡之后，离开邵氏自创嘉禾影片公司，经过李小龙的暴红而使得嘉禾与邵氏之间形成了对峙的局面。

李小龙

　　李小龙，华人武打电影演员、功夫影帝、功夫电影的开创者，也是"功夫片"电影始祖，一代武术宗师。李小龙的出现打破了之前功夫动作片的虚假以及香港明星气质的萎靡，开创了华人进军好莱坞的先河，让西方人认识和学习中国功夫，同时令动作片成为香港电影的主流片种之一。他在香港的4部半电影3次打破空前记录，其中《猛龙过江》打破了亚洲电影票房记录，他与好莱坞合作的《龙争虎斗》全球总票房达2.3亿美元。李小龙的一生是短暂的，但是他却创造和打破了世界纪录协会多项世界之最，对现代搏击技击术和电影表演艺术的发展作出了巨大的贡献。李小龙去世之后，他的银幕形象对全球华人以至世界各地都依然有着巨大影响力。

李小龙 >

流行之都——香港

另一方面，独立制片公司也在1970年代中期兴起，先后有吴思远的"思远影业公司"，麦嘉、洪金宝、刘家荣的"嘉宝电影公司"等。

1967年，由张彻导演、王羽主演的民初武侠片《独臂刀》上映，本土票房超过100万港元，从此开创了以男演员为主导的阳刚路线。但值得一提的是，邵氏公司其实在1960年代初已经提出新派武侠电影的概念，并邀请了徐增宏、张彻等导演进行了尝试，但反响并不大。

1974年，许冠文离开邵氏公司，自组许氏兄弟公司，与嘉禾合作，创业作《鬼马双星》便成为当年的票房冠军，掀起了本土喜剧片潮流。

1975年，吴思远创办了"思远影业公司"，创业作是《南拳北腿》，随后的《廉政风暴》成为香港时事写实性影片的代表作，1970年代还制作了成龙的《醉拳》、《蛇形刁手》，徐克的《蝶变》等影响深远的作品。

知识小百科

香港著名影星成龙

成龙，1954年4月7日生于香港特别行政区香港岛中西区，祖籍安徽省，国家一级演员，大中华区影坛和国际功夫影星。

成龙1960年进入中国戏剧学校学习戏曲，以武师身份进身电影圈。1970年自戏校毕业，因为自幼在影片中跑过龙套，所以希望往电影界发展。1978年吴思远邀成龙拍《蛇形刁手》和《醉拳》令其走红。

成龙早在1982年时便开始打入好莱坞市场，但他迈向国际之路并不顺遂。他首次进军国际的作品是《炮弹飞车》，可惜票房失利，令成龙要相隔多年才再闯好莱坞。而真正令成龙打入国际市场是1994年拍摄的《红番区》，在美国上映时创下高票房纪录，进而接下第一部好莱坞电影《尖峰时刻》，亦获得极高的票房，登上《时代》杂志，终而奠定今日在国际的地位。但是接下来的好莱坞影片如《环游世界八十天》，在全球票房普遍不佳。成龙曾经表示，其实好莱坞并不是他的天下，只有回到香港成龙才是如鱼得水的。尽管成龙票房影响力不如以往，2007 年在北美上映的《尖峰时刻 3》仍创下将近 1 亿 4 千万美元的票房纪录，总计《尖峰时刻》系列三部在北美累积票房超过 5 亿美元、全球累积 8 亿 3 千 5 百万美元。目前为止，尚没有其他亚洲演员领衔主演的电影能在国际达到同等成绩。如今成龙已经创造了无数的奇迹和神话，就像《成龙》一书中写道："曾经无名小戏童，如今名就功已成。纵横影坛领风骚，神勇无敌久称雄。"

1997 年香港回归，江泽民主席在和成龙在宴会上敬酒时称成龙为"大哥"，从此"大哥"的称呼成为了成龙的代名词。2012 年 8 月 24 日《纽约时报》评选出史上 20 位最伟大动作巨星，成龙荣登第一位。2013 年，成龙当选为全国政协委员。2014 年 2 月 14 日，成龙再次当选为香港演艺人协会会长。

成龙 >

1980 年代香港经济再度飞速发展，晋升为"亚洲四小龙"之一，文化本土化趋于定型。香港电影的工业形态和美学形态亦有了进一步发展，"卫星制"体制被继续丰富和完善，进而变异成为以院线制营销模式为基础的新体制，电影票房、从业人数、港产片票房比例等各项经济指标均达到了历史最佳水平。经过"新浪潮"电影运动，香港电影的美学储备有了坚实的基础，电影创作也达到了空前的繁荣，形成了以动作类型为主和以喜剧类型为主的复合类型片。较为纯粹的商业类型片成为这一时期香港电影的主流，而文艺类型片也在美学形态上有所突破，呈现出新的景观，亦为这一时期以商业类型为主的香港电影注入了深厚的人文内涵。

三、香港电影的鼎盛时期

1980 年代开始，香港电影进入了急剧发展的阶段。电影产量上，年产量基本上都保持在 80 部以上，甚至在 1990 年代初达到了 200 部以上；票房方面，尽管有大量好莱坞影片的涌入，但本土电影占有绝大部分的票房额度，期望的票房值不再是 1000 万港元或者是现在的 500 万港元，而是 2000 万甚至 3000 万；台湾地区以及韩国、日本等地都是香港电影的重要市场；明星方面，也让成龙、周润发、周星驰、张曼玉、林青霞等大红大紫，而导演吴宇森、徐克等也享誉一时。至今影评界对香港电影依然有黄金十年、黄金时代等说法，而广泛一点来说，自 1980 年代初至 1990 年代初，可以称为是香港电影的繁荣时期，也即黄金时代。

知识小百科

"喜剧之王"周星驰

周星驰，1962 年 6 月 22 日生于香港，祖籍浙江宁波，华语喜剧演员，导演，编剧，出品人。1980 年做丽的电视特约演员，开始出道，后与吴孟达是"黄金搭档"，主演《九品芝麻官》《唐伯虎点秋香》等，自编自导自演《国产凌凌漆》、《食神》、《少林足球》、《功夫》等多部影片，6 度打破香港电影票房纪录和获得 8 个年度冠军，为打破香港电影票房纪录最多者和年度冠军记录保持者。凭导演的《功夫》被时代周刊评为 2004 年世界最好的十部电影之一，2013 年导演新作《西游降魔篇》破23 项华语电影记录，全球票房破 2.15 亿美元，成为全球最卖座的华语电影。周星驰在华人世界是一个具代表性的人物，不少人视"周星驰"是"喜剧"的代名词。

香港号称"东方好莱坞"，年产电影上百部，大小演员如恒河沙数，但是近二十年来票房榜单上的头把交椅，几乎始终都是"双周一成"轮流坐。这三位票房号召力至高的巨星中，演技多次获得专业奖项承认的，要数周润发和周星驰；有能力独立制作电影，作品能够冠以本人大名的，只有成龙与周星驰；而演出的影片不仅富于个人特色又极具社会代表性，甚至被作为一种文化现象来反复解读的，唯周星驰一人而已。

周星驰 2010 年 5 月出任上市公司比高集团有限公司董事长一职，2013 年 1 月14 日当选新一届广东省政协委员。

周星驰 >

1980 年，麦嘉、石天、黄百鸣在"金公主"院线的支持下，成立了"新艺城电影公司"，经过两三年的发展后，与邵氏、嘉禾形成了三足鼎立的局面。

1982 年春节，新艺城出品、许冠杰主演的动作喜剧片《最佳拍档》上映，大举胜过了同期上映的嘉禾、邵氏的作品，成为年度票房冠军，也使得贺岁片这个档期基本上确立。

1982年夏天，《电影》双周刊举办了第一届香港电影金像奖，方育平凭借影片《父子情》获得最佳导演与最佳影片奖。金像奖将在今年四月中旬举办第28届。

1983年，洪金宝、岑建勋和潘迪生创办了德宝电影公司，推出了《智勇三宝》等影片，但影响力还在新艺城之后。直到1985年，德宝租赁了邵氏院线旗下的多家影院组成"德宝院线"，而替代邵氏公司与嘉禾、新艺城再次形成三足鼎立的局面。

1984年，徐克成立了电影工作室，创业作为《上海之夜》。

1985年，成龙创办了"威禾公司"，创业作为《警察故事》。

1986年，邵氏兄弟继将院线租给德宝公司后，将影城租给无线电视。

1986年，吴宇森导演的《英雄本色》上映，掀起了英雄片潮流。

1990年，周星驰主演的《赌圣》票房超过4000万港元，形成无厘头电影。

上世纪1990年代之后，由于香港社会的人心浮动和亚洲金融危机的影响，香港经济发展出现了颓势。在这种大环境下，也由于香港电影自身的诸多问题，其电影工业出现了前所未有的低迷。1994年，港产片的本土票房普遍下滑，年度票房只有约9.73亿港元，比起1993年的11.46亿港元减少了将近1.7亿港元，且其中将近一半影片的港产片票房低于400万港元。1996年，东方院线结束，全港只剩下嘉禾、金声、新宝三条港产片

电影《英雄本色》>

院线，这比起鼎盛时期的五条港产片院线减少了两条，而其原因之一也在于港产片面临着种种困境无法维持。

为寻求救市之策，香港特区政府和香港影人都在积极的努力，而中央政府也给予了大力支持。香港电影产业模式中，传统的大厂体制及"卫星制"、院线营销模式等均已告亡，除和内地合作制片外，出现了产业重组、联合新媒体工业等多种具有个性化特征的新产业模式。在工业趋于个性化的同时，其美学层面也显现出了风格化特色，突破了繁荣时期流水线式的商业类型片制作模式，表明了香港电影在经过重大社会变革考验之后进入了一个新的时期。

1998年，成立不久的"中大"影片公司推出了《没有小鸟的天空》、《阴阳路之升棺发财》、《爱情传真》等7部中低成本的作品，成为了年度最重要的电影现象之一。

1999年，英皇娱乐集团有限公司（EEG）正式成立，模仿日本的娱乐模式，集合唱片公司、经理人公司、演唱会公司三种功能于一体，积极开拓唱片市场，并在翌年与"寰亚综艺"结盟，进军电影业。

2003年6月29日及9月29日，《内地与香港关于建立更紧密经贸关系的安排》及其附件相继签订，其中关于香港电影的重要一条便是香港电影可以以合拍片的方式，不受进口片的配额限制进入内地市场，这无疑是处于外埠市场的萎缩困境中的香港电影的福音。CEPA的实施，一方面是为香港电影进入内地市场提供了明文的保障，而另一方面也是标志着经过回归后的数年"长假"后，香港电影开始了"安心上路"，向大华语片过渡。

香港电影业经历过低谷和摸索后，被华语片市场重新激活，香港电影人的创作意念更加进入登峰造极的层次，无论是北上的内地马香港的合拍片，还是留守本土的纯正港产片，香港电影界以"两条腿走路"（北上合拍和本土创新）的形式奋勇向前。"两条腿"都佳作涌现，如合拍片《功夫》、《十月围城》等，纯香港电影的《天水围的日与夜》、《志明与春娇》、《岁月神偷》、《桃姐》等。

<《十月围城》电影海报

　　许多久违的前辈电影人，以传统的表达方式再度登场，掀起类型片的复苏潮流，新旧交碰，互相辉映给予两岸三地观众无限惊喜，票房报捷，更屡获殊荣，扬威国际。2010 年罗启锐执导的电影《岁月神偷》获得柏林影展水晶熊大奖；2011 年叶德娴凭借主演许鞍华导演执导的电影《桃姐》，获得威尼斯影展的最佳女主角，再次让香港电影蜚声国际，让香港和华人电影再次得到国际的嘉许。

　　香港以成熟的制作机制和大量的人才，成为中国电影的创意之都。

第三节　香港现代文学

一、香港现代文学概述

香港文学指自20世纪起香港在特殊历史和政治背景下发展出的文学。从历史、地理等状况而言，香港隶属中国版图，原属广东东莞县，后划归宝安县。香港文学是中国文学的分支，它的根基仍然是中国传统文化。香港自从有中国人在此居住，就有包括文学在内的文化活动。在早期，主要是山歌一类的口头文学，香港居民中有学识人士则吟诗作文，此属于唐诗宋词元曲之类。这些姑且算作香港文学的古文传统。

过去香港被英国殖民统治，中西文化交流频繁，而在两岸分治的背景下，香港也是两岸接触的桥梁，旅港、居港及本土的文化人，都促进了香港文学的发展。虽然香港常被诟病为"文化沙漠"，缺乏文化气息，但香港文学仍在华语文化界中占一席位。

香港文学发展至今，逐渐形成一些区别于其他海外华文文学和内地文学的特质，这是香港社会独特的政治制度、经济体制及意识形态所决定的。香港近百年的殖民统治历史，造成了英国殖民文化对香港的强烈冲击，从而使得香港文化附有浓重的西方文化色彩，这在香港的文学作品中都有体现，如西方语言在文学作品中混杂，形成中西文同现的特殊文学景观。再者，香港的作家，尤其是严肃文学作家，大多受过西方式的高等教育，其文学作品中的外来文化影响因素更大。香港文学具有流动性、开放性、兼容性的特色。香港是一个自由港，经济体制的开放，政治制度的开放直接导致了香港文化的开放性，即在价值观念、人生态度、爱情观等方面都超越了传统观念。在香港，各种文学流派的作品并存，各种文艺创作风格充斥各类作品中，使得香港文学创作风格变化不定，具有极显著的流动性。另外，香港文学接受和融合了中西混杂的文化，并使之和谐地统一于其中，显示了香港文学极强的兼容性。香港文学中的都市文化色彩浓重。香港历经百年的发展，业已成为世界著名的经济发达的现代都市，具有较高层度的现代都市文明，在这都市文明孕育下的香港文学，其都市文化色彩也显得相当浓重。香港文学的兼容性，导致了香港文坛上通俗与严肃并存、本土与外来文学并存的文学现象。双方独立发展，亦很少进行交锋，一起在香港文坛上齐头并进，极大地丰富了香港文学的内涵。当代香港文学，快餐（专栏）文学最为活跃，形成一大特色，以数百字的杂文小品居多，长篇作品较少出现。这也许受香港社会的节奏加快、影视等高科技媒体高度发展的冲击，人们已无暇观看长篇累牍的叙述。香港通俗文学所占比重最大，又以武侠、言情为主，另外科幻、惊险、侦探题材的作品也不少，其他如微型小说、诗歌、影视文学也占有相当比例。

二、刘以鬯

在香港文坛上，追求创新，勇于实验，成绩卓著，蜚声文坛的现代主义作家，首推刘以鬯。刘以鬯本名刘同绎，1918 年 12 月出生于上海。年轻时酷爱文学，读中学时曾加入叶紫发起组织的"无名文学社"。1941 年，毕业于上海圣约翰大学。太平洋战争爆发后赴重庆，从事新闻工作。战后回到上海，先在《和平日报》以主笔名义编副刊，然后离任创办了怀正文

刘以鬯 >

化社。1948 年冬离开上海去香港，1952 年到新加坡。1957 年，刘以鬯自
南洋返回香港，先后任《香港时报》、《快报》等副刊编辑，并积极参与
各项文艺活动，现任香港作家联会会长。刘以鬯在从事报刊编辑之余创作
了大量的作品，主要有：长篇小说《酒徒》、《岛与半岛》、《他有一把
锋利的小刀》等，短篇小说集《天堂与地狱》等，评论集《短绠集》、《看
树看林》等，还有多种译著。其著名小说《对倒》，被香港大导演王家卫
拍摄成电影《花样年华》。

　　《酒徒》是刘以鬯最著名的长篇小说，出版于 1963 年。作品写"一
个因处于这个苦闷时代而心智不十分平衡的知识分子怎样用自我虐待的方
式去求取继续生存"（刘以鬯：《〈酒徒〉序》）的故事，这个"心智不
十分平衡"的知识分子就是酒徒。酒徒是位职业作家，有丰富的生活经历，
文学修养颇高，对文艺有精辟的见解。他曾办过出版社，编过报纸，来到
香港后，他主张文学要创新，创作过实验小说。但在香港文艺受制于功利
价值观念，作家地位低、稿酬低、盗印商多，严肃文学被挤得难以立足。《酒
徒》是作家刘以鬯借酒徒手中的酒杯浇自己胸中的块垒而成的愤世之作，

同时，小说在艺术上也达到了相当的高度，首先表现为意识流技巧的娴熟运用。《酒徒》可以说是中国第一部严格意义上的意识流长篇小说，

三、舒巷城

　　舒巷城是香港第一代本土作家，被誉为香港的"乡土作家"。
　　舒巷城原名王深泉，1923 年生于广东惠阳。太平洋战争爆发前，舒巷城在茅盾主编的《立报》副刊《言林》发表作品，并从此开始其文学创

舒巷城著《太阳下山了》>

作之路。1942 年，舒巷城北上桂林，遇上湘桂大撤退，于是便四处漂泊，于 1948 年重返香港。在香港，舒巷城的本职工作是会计，文学创作是其业余爱好。四十多年来，他笔耕不辍，硕果累累，先后出版短篇小说集《山上山下》、《雾香港》、《伦敦的八月》、《曲巷恩仇》；长篇小说《太阳下山了》、《白兰花》、《巴黎两岸》；诗集《我的抒情诗》、《回声集》和《都市诗钞》等。1999 年 4 月 17 日于香港逝世。舒巷城的文学创作深受"五四"新文学创作理念的感染。在舒巷城的作品中，《太阳下山了》是一部难得的长篇佳作。该长篇以四十年代的香港社会为写作背景，反映了住在西湾河一带的一群劳苦人的辛酸生活。作家张凡颇具文才，刻苦写作，然生活陷于困顿，其妻贪慕虚荣，离他而去；莫家男孩莫基仔身患小疾，却因无力付医疗费而死；林江养父林成富，原为小鞋店店主，因市道衰落，终至破产，他不甘心失败，梦想有朝一日重整旗鼓，但梦想破灭，自己也被辗死于车轮下。《太阳下山了》实为一幅四十年代末香港下层社会的浮世绘，小说没有描写尖锐的矛盾和阶级的对垒，而以从容的笔墨抒写香港草根大众温馨的人情，从而使作品洋溢着浓烈的人情味。

四、金庸

在 1960 年代中期的香港，中国古老的武侠小说重新崛起，不过，它是以一种崭新的面貌出现的，被人称为新武侠小说。新、旧武侠小说有一定的传承关系，但新武侠小说无论在内容上、艺术上较之旧武侠小说都有鲜明的新素质、新突破。新武侠小说以国家、民族的利益、大多数人的利益为准则，以民族感情、爱国精神、正义正气为基调，歌颂英雄豪侠的爱国爱民、行侠仗义，歌颂人性美，鞭笞人性恶，肯定新的价值观念和新的人生原则，具有历史的、人生哲学的深度。在香港新武侠小说界中，金庸无疑是一代宗师。他的小说自问世以来，有如一股强烈的冲击波，震动着

< 金庸

华人社会的读书界，自从 1980 年代初进入大陆，迅速风靡华夏神州。金庸的小说在华人世界具有无与伦比的影响力，文坛流行这样一种说法："凡是有中国人、有唐人街的地方，就有金庸的武侠小说。"金庸，本名查良镛，1924 年出生于浙江海宁一个声势显赫的望族，笔名金庸是"镛"字的一分为二。抗战爆发后，金庸考入重庆国立政治大学外交系，后又转考入东吴大学法学院，毕业后曾在上海任《大公报》记者。1948 年，《大公报》香港版复刊，金庸入港编报，从此开始了他在港漫漫的文学生涯。

1955 年，金庸开始创作武侠小说，《书剑恩仇录》是他处女作，至1972 年最后一部《鹿鼎记》出版，共写十五部三十八册武侠小说，之后他宣布"封刀"。金庸曾饶有趣味地将其作品名字的第一个字抽出来组成一副对联："飞雪连天射白鹿，笑书神侠倚碧鸳"。金庸的武侠小说，思想内涵博大精深，包含丰厚的社会、历史内容。金庸博学多才，学贯中西。琴棋书画、人情风俗、天文地理、佛道儒学、秘笈剑经、气功脉道、武功招式、江湖黑话、行帮切口、中外历史、门派渊源，均了然于胸。他的作品内容包罗万象，有如一部大百科全书，故有人把金庸的武侠小说当作一门学问来研究，称为"金学"。金庸的小说具有很高的文学价值和欣赏价值，给人愉悦与知识，因此在当今小说之林中，金庸小说应占有重要地位。

五、曹聚仁

曹聚仁是活跃于香港文坛的散文大家。

曹聚仁，出生于 1900 年，原籍浙江浦江，曾是朱自清的学生，毕业于杭州第一师范。1932 年起在上海创办文学杂志，曾任复旦大学、暨南大学教授。抗战时期任战地记者，战后回到上海。1950 年赴香港，专门从事写作，曾主编《学生时代》杂志，创办过创垦出版社，曾多次回内地参观

曹聚仁著《鲁迅评传》>

流行之都——香港

访友，1972 年，在澳门病逝。曹聚仁博览群书，学识渊深，著述甚丰，一生写了近四千万字的文章，出版作品七十余种。移居香港的二十年间，曹聚仁写得最多的是散文，曾在报刊上撰写好些专栏。1950 年代，他先后出版了《北行小语》、《北行二语》、《人事新语》等散文集，通过自己采访时的实录，如实报道新中国的巨大变化，展示翻身当了国家主人的中国人民的精神面貌。他主持的地方史志专栏散文写得最多的是上海，他在上海生活了二十多年，对浩如烟海的上海史料了如指掌。他撰写的大量有关上海地方史志的随笔，系统地介绍了上海的发展史，在香港拥有很多读者。曹聚仁在香港的创作中最有价值的是两部近百万字的回忆录：《我与我的世界》和《万里行记》，前者是一部散文体的自传，后者是一部抗战时期回忆录。《万里行记》写了作者任战地记者时的见闻感受，有对日本侵略者暴行的控诉，有对祖国大好河山的赞颂，并大量介绍了各地风土人情和历史掌故。这两部作品兼具文学价值和史料价值。

六、董桥

董桥，生于 1942 年，原籍福建晋江，幼年随父定居印度尼西亚。1964 年毕业于台湾成功大学外文系，不久赴英国伦敦大学亚非学院从事研究。1979 年返港，任职于美国国际交流总署，1988 年起任《明报》总编。出版著作有《双城杂记》、《另外一种心情》、《乡愁的理念》、《董桥散文》等。

董桥博闻广识，学贯中西，他的散文有思想深度和理论上的探索，却绝不枯燥，熔学、识、情于一炉，追求悠闲境界，于悠闲之外又孕育着浓郁的人文情怀和炽热的中国情结。董桥的作品闪现出一种感性和知性相兼容的特质，属于思辨和才情汇通的文体，体式丰富多样，结构谋篇匠心独运。董桥在他的散文中写海峡两岸，绘纽约，记英伦，说政经，谈历史文化，

董桥 >

用大手笔写篇幅短小的文章，令读者回味无穷。无论是写古代题材还是现代生活题材，他的文章中都散发出浓浓的书卷气，字里行间既有中国人的智慧，又不乏英国式的幽默。

七、梁凤仪

香港是一个工商业经济发达的大都市，财经事宜与人们的生活密切相关。在香港这样的城市，工商企业界的生活与斗争无疑是你争我夺、尔虞我诈，而勾心斗角、扣人心弦的故事最能体现香港工商社会的本质。梁凤仪正是集学识、财经界生活阅历及创作财经小说的志向等多重机缘于一体，故其财经小说一经出现于香港文坛上，便备受世人瞩目。梁凤仪本人更是香港工商界和出版界颇有建树的女强人。她大学毕业后，只身闯荡商界，曾先后在香港证券、银行集团投资公司及联合交易所等多家工商金融机构任职，经历了艰夺的拼搏创业过程，也经历了成功和失败，从中她获得了深切的人生体会和丰富的从商经验。作者把这些体会和经验注入到她的人物中。再者，作者涉足商场多年，对商界内情、人情世故、各种层次的人都有仔细的观察与了解，因而汇诸笔端，人物便显得风采照人。梁凤仪的创作历史并不长，但创作力很旺盛，自1989年至1996年共出版了四十多种小说和散文集，其中有《醉红尘》、《花魁劫》、《千堆雪》、《信是有缘》、《锁清秋》、《豪门惊梦》等二十四部财经小说。梁凤仪财经小说风靡一时，除了她雄厚的经济基础和独到的广告宣传意识外，另一个重要因素在于她的小说写的多是香港财经界的生活和斗争，题材新颖，别开生面，具有开拓性的意义。这些作品以香港发达的市场经济为背景，较为广阔地反映了工商界、经贸界、金融界的云诡波谲、惊心动魄的画面，描绘了经济领域内斗争的复杂性与残酷性。

梁氏财经小说塑造出一系列时代女强人形象，一扫香港文坛上闺门怨妇和纯情少女的柔弱气息，令人耳目一新。如《信是有缘》中的阮楚翘、《花魁劫》中的小三等。小说中曾遭不幸的女主人公翻手为云的成功，将普通人现实生活中难以实现的理想在小说中延续、实现，从而赢得了市民读者的喜爱。

梁凤仪 >

经典爱情片《花样年华》

　　六十年代的香港，报馆编辑周先生与太太搬进一幢唐楼，恰巧碰上新入住的李太太和她的丈夫。二人的配偶均要出门工作，正好让他们互建情感。起初是淡淡的君子之交，继而谈谈情，上上街。然而一个有妇之夫，一个有夫之妇，任欲念再高烧也得把它按捺下去。于是二人的感情只好在包租婆的麻雀声中悄悄滋长。其后他们发现自己的配偶跟对方的伴侣有一段同样不寻常的偷恋关系……影片以六十年代的香港为背景，踏着往年情怀的旧梦，缅怀浮世缤纷的温馨。精美的旗袍、婉转的镜头、怀旧的场景，勾勒出一段婚外没有启齿的爱情。两个尘世中的男女因为寂寞和相同的爱好，相互抚慰着心灵的苦恼，直到他们发觉原来彼此都是受伤害者，可是他们的感情还是没有出口。多少年过去了，在吴哥窟那个男人默默的把心事埋藏在墙壁上，又仿佛对着墙壁诉说一段凄美动人的故事。

　　该片导演王家卫1958年生于上海，五岁时随父母移居香港，后毕业于香港理工学院美术设计系。1981年开始撰写电影剧本，他从事多年剧本创作，对于形成他那独特的电影对白风格有着重要的影响。1988年，他初执导筒拍摄影片《旺角卡门》。

《花样年华》剧照 >

1997年的《春光乍泄》，入选戛纳电影节并获最佳导演。

影片由梁朝伟和张曼玉联袂出演。

梁朝伟出生于广东，后移居香港。15岁时辍学，后进入了香港无线电视广播公司(TVB)的艺员培训班。1984年，因主演《鹿鼎记》和随后的电视连续剧《新扎师兄》使他声名大噪。因《花样年华》获第53届戛纳电影节最佳男主角，还因《无间道》、《春光乍泄》、《重庆森林》、《杀手蝴蝶梦》、《人民英雄》等影片数次获得香港电影金像奖最佳男主角和男配角奖。

张曼玉1983年获香港小姐亚军，由此进入影视界。1985年，她在《警察故事》中崭露头角。1988年，她在王家卫《旺角卡门》中的演技更大获好评。她曾与众多著名导演合作，其中包括许鞍华的《客途秋恨》、徐克的《青蛇》、尔冬升的《再见王老五》、关锦鹏的《人在纽约》和《阮玲玉》。在香港女演员中，她得奖最多，奖项包括香港电影金像奖最佳女主角奖共四次，台湾金马奖四次奖项与及柏林影展最佳女演员奖项。

图片授权

全景网

壹图网

林静文化摄影部

敬 启

本书图片的编选，参阅了一些网站和公共图库。由于联系上的困难，我们与部分入选图片的作者未能取得联系，谨致深深的歉意。敬请图片原作者见到本书后，及时与我们联系，以便我们按国家有关规定支付稿酬并赠送样书。

联系邮箱：932389463@QQ.com